Huize Kalor

ISBN: 978-1-960509-10-9

CONTENIDO

INTRODUCTIE   1

HOOFDSTUK 1
Kimberly   5

HOOFDSTUK 2
Nouhaily   15

HOOFDSTUK 3
Jessica   25

HOOFDSTUK 4
Rose   33

HOOFDSTUK 5
Jeany   39

HOOFDSTUK 6
Setty   51

HOOFDSTUK 7
Axelia   59

HOOFDSTUK 8
Neika   63

HOOFDSTUK 9
Danique   67

HOOFDSTUK 10
Miskraam   75

HOOFDSTUK 11
Zorgaanbieder in samenwerking met Huize Kalor   79

HOOFDSTUK 12
Gezinshuisouders aan het woord   85

HOOFDSTUK 13

Ervaring als vervangende gezinsouder   91

HOOFDSTUK 14

Begeleiden van jonge stellen   95

INTRODUCTIE

*H*uize Kalor, het gezinshuis voor jonge moeders met hun kind(eren), begon als een droom om van mijn passie mijn werk te maken. Mijn naam is Xiomara. Ik heb jaren in de jeugdzorg gewerkt met gezinnen en heb heel veel gezien en meegemaakt. Wat mij heel erg aansprak was de nood voor standvastige begeleiding. Er was geen hulp op maat. Jongeren kregen steeds andere begeleiders. Het gezinshuis biedt deze jonge alleenstaande moeders een thuis aan, zoals ook in het normale leven, om weer krachtig en zelfstandig in de maatschappij te kunnen staan.

In 2013 wilde ik samen met mijn man Roeland, het gezinshuis beginnen. Het was een heel proces om een geschikte woning te vinden in een goede buurt, de voorzieningen te regelen en niet vergeten de financiële middelen te vinden om het geheel waar te maken. En in 2014 werd Huize Kalor in Nederland een werkelijkheid.

En op de vraag of ik er nog steeds voldoening in vind, is mijn antwoord: zeker!
De voldoening zit in het zien dat de moeders die bij mij een aantal maanden hebben gezeten, allemaal getuigen dankbaar te zijn om Xiomara en Roeland te hebben gekend. Ongeacht of zij het traject helemaal doorlopen hebben of vroegtijdig afgehaakt zijn.

Gedurende de afgelopen tien jaar hebben wij natuurlijk ook uitdagingen gekend. Desondanks hebben wij er nooit over getwijfeld dat wij verder moeten gaan. Tegenslagen doen ons niet de moed verliezen en wij zullen niet opgeven. Elke moeder die tot besef komt dat zij waardevol is en dat hun kind(eren) een zegen zijn, is niet alleen voor ons winst, maar voor de hele samenleving. Moeders leren zelfstandig te zijn, structuur voor zichzelf en voor hun kind(eren) te creëren, hun eigenwaarde te kennen en voor zichzelf op te komen. Dat is waar we voor willen staan.

De verhalen die zij in dit boek delen, zijn hun ervaringen en belevenissen binnen Huize Kalor. Ik hoop dat jullie door deze verhalen ook geïnspireerd raken en ervan bewust worden, dat wij allemaal op een eigen manier kunnen bijdragen aan een meer veilige en sociale maatschappij.

Meer over het gezinshuis Huize Kalor

KALOR is een woord in het Papiamento, dat staat voor warmte, geborgenheid, hartelijkheid en gastvrijheid.
Huize Kalor biedt jonge moeders (tot 23 jaar) en hun kind een plek, waar zij zich kunnen ontwikkelen naar zelfstandigheid. In het gezinshuis bieden de gezinshuisouders 24 uur per dag, vijf dagen in de week, verzorging, opvoeding en begeleiding aan de moeders en hun kinderen.
Wij van Huize Kalor geloven dat een gezond gezin

de basis is voor een gezonde ontwikkeling van elk individu. Een gezond gezin is een vruchtbare grond en een stimulerende omgeving waarbinnen een kind verschillende componenten meekrijgt zoals bijvoorbeeld zorg, liefde, warmte, normen, waarden en discipline. Deze componenten voeden op tot een gezonde en gebalanceerde persoon. De gezinshuisouders willen de moeders en hun kinderen daarom niet alleen "Kalor" (warmte) maar ook:

Knusheid
Aandacht
Liefde
Orde
Rust

Missie en visie

Huize Kalor gaat en staat voor eenheid en kracht binnen het gezin. Ieder mens heeft iets goeds in zich. Mensen kunnen zich tot volwaardige burgers ontwikkelen als ze een omgeving hebben waarin ze geaccepteerd en gerespecteerd worden. Door het krijgen van liefde en het voelen van eenheid kunnen zij zich hechten en is er ruimte voor het ontwikkelen van hun talenten en competenties. Wij willen bijdragen aan deze ontwikkeling en een omgeving bieden waarbinnen liefde en eenheid de kwaliteiten zijn. Het uiteindelijke doel is om voornamelijk jonge ouders en gezinnen de kans te geven zich te ontwikkelen tot verantwoordelijke ouders die hun plek innemen in de maatschappij en op eigen benen staan. Dus niet alleen voor henzelf en hun kinderen maar ook voor de samenleving.

Vanuit onze diepe overtuiging dat een gezond gezin een positieve en gezonde invloed heeft op de gezinsleden, geloven wij dat het begeleiden van de jonge moeders, niet alleen hun kind maar ook de jonge moeder zelf de kans kan bieden om anders tegen een gezin aan te leren kijken.

Hiermee beogen wij dus ook de jonge moeder een positief perspectief te bieden op haar eigen gezin (die in wording is). Door de jonge moeder een plek te gunnen om haar leven een nieuwe wending te geven, stimuleren wij de wording van een nieuw gezin, de opvoeding van het kind en indien mogelijk ook de rol van de vader.

HOOFDSTUK 1

Kimberly

Het was een koude dag toen de dokter mij vertelde dat ik zwanger was. Ik was jong, 21 jaar en nog steeds een student. Het was zeer onverwachts en ongepland. Mijn naam is Kimberly. Op het moment van schrijven ben ik 25 jaar oud.

Vier jaar geleden heb ik samen met mijn tweeling, van toen drie maanden oud, in Huize Kalor gewoond. Dat was een heel groot verschil met mijn studentenwoning in Amsterdam Zuid, waar ik een lekker leven leidde als een jonge meid met mijn leuke baan bij de McDonald's en mijn interessante opleiding tot stewardess. Omdat ik dit vanaf mijn 17e jaar heb gedaan dacht ik het leven aan te kunnen.

Op mijn werk heb ik mijn vriend, de vader van mijn tweeling, leren kennen. Mijn vriend en ik komen beiden uit gebroken gezinnen en hebben veel huiselijk geweld meegemaakt. Ik ben op vierjarige leeftijd uit huis gehaald en ben opgegroeid in verschillende pleeggezinnen. Mijn vriend is opgegroeid met zijn ouders, waar hij en zijn moeder vaak mishandeld werden door zijn vader. De vader is later van huis weggegaan en hij is met zijn moeder gebleven.

Ondanks onze verschillende trauma's, konden wij in het begin van de relatie goed met elkaar opschieten. Het was alsof we in elkaar een veilige en vertrouwde persoon ontmoet hadden, waar we rust van kregen. Na de twee eerste fijne jaren werd de relatie eentje met vaak ruzie wegens jaloersheid van mijn vriend. Hij werd dominant en wilde dat ik nergens naartoe ging en behandelde mij alsof ik zijn kind was.

In deze, niet fijne tijd van de relatie, raakte ik zwanger van de tweeling. Mijn wereld stortte in elkaar. Ik zag mezelf niet met een kind, ik voelde dat ik de moederrol niet kon vervullen. Ik had plannen om te studeren, te reizen en te genieten van mijn leven. Ik wilde mijn vrijheid. Ik kwam toen op abortus als de oplossing. Mijn vriend wilde integendeel graag de tweeling, hij wilde zelfs trouwen.
Vanwege de conflicten tussen ons, wilde ik dat niet. Ik twijfelde of de relatie stand zou houden. En ik wilde niet dat mijn kinderen zouden opgroeien in dezelfde situatie als ik of hun vader was opgegroeid.

Door deze situatie werden de spanningen tussen ons steeds groter. Ik wilde weg uit de relatie en hij wilde dat niet. Uiteindelijk besloot ik te gaan voor een abortus, maar ik was daar te laat voor. Met tegenzin heb ik de zwangerschap moeten doorstaan. Toen ik zeven maanden zwanger was, hadden wij weer ruzie, waarbij hij mij in de buik sloeg. Hij was boos en hoefde de kinderen dan ook niet, als ik weigerde met hem te trouwen.

Er kwam een aanklacht van huiselijk geweld door de buren en ik moest de studentenwoning verlaten. Ook de woningbouw gaf aan dat ik niet met kinderen in de woning mocht wonen. Dat was het moment dat ik uit de relatie kon. Er werd melding gedaan bij Veilig Thuis. De vader van mijn kinderen moest per direct uit het huis en ik mocht nog daar blijven tot er een andere plek voor mij was gevonden. Wat nu? Dit was de start van mijn hulpverleningstraject met de hulpvraag: het stellen van de zwangerschap in veiligheid. Als noodoplossing kon ik bij een tante verblijven. Na twee maanden beviel ik en na de kraamperiode is er een plek voor ons gevonden. Wij verhuisden naar Huize Kalor bij Xiomara en Roeland in Amsterdam Zuid Oost.

In het begin was het natuurlijk wennen voor mij. Ik was al heel lang niet meer gewend om met anderen samen te wonen en al helemaal niet met zoveel kinderen. In het huis waren we met vijf moeders, elk met hun kind. We hadden onze eigen kamer, maar de overige ruimtes moesten we delen, als één gezin. Ieder kookte wel voor zichzelf. We woonden samen, maar draaiden onze eigen huishouding. Het huis werd onderhouden doordat we allemaal onze taken deden. Ieder van ons moest per week een onderdeel van het huis schoonmaken en onderhouden.

Niet iedereen kon even goed schoonmaken. Dat was de grootste ergernis voor mij. Ik vind het belangrijk dat een huis schoon is. Hygiëne is voor mij belangrijk. Vooral omdat wij met zovelen wonen en voornamelijk voor de kinderen. Er waren kleintjes bij die al kropen en anderen die leerden lopen. Een opgeruimd en schoon huis zorgt ervoor dat ik lekker in mijn vel zit. Maar na een tijdje kreeg ik mijn draai te pakken en vond ik het eigenlijk wel fijn om samen te wonen. Ik raakte bevriend met de meiden en ondernam veel samen met hen en wij deden uiteraard leuke dingen met de kinderen.

Geleidelijk werd vanzelfsprekend ook het hulptraject opgepakt, op de verschillende gebieden waar er hulp nodig was en ook de problematiek met de vader van de kinderen. Vanaf het moment dat hij uit het studentenhuis was gezet, had ik geen contact meer met hem tot aan de geboorte van de kinderen. Ik heb hem verteld dat de kinderen geboren waren en dat hij een afspraak kon maken om zijn kinderen te mogen zien. Ik heb hem ook laten weten dat ik de kinderen de namen, die hij uitgekozen had, heb gegeven. Hij heeft niet gereageerd. Van hulpverleners mocht ik geen contact meer met hem zoeken omdat hij als gevaarlijk beschouwd werd voor ons. Dit door zijn agressieve gedrag dat hij vertoond had toen wij samen waren.

Op een gegeven moment merkte ik dat ik weinig tot geen steun had van mijn eigen omgeving, denk aan familie, kennissen en vrienden. Oftewel, ik had een te klein netwerk, dat mij zou kunnen ondersteunen met de zorg voor de kinderen. Dat was voor mij wel heel moeilijk en zeker met een tweeling. Want ik wilde zo graag door blijven gaan met school en werken, zodat ik een beter leven kon opbouwen voor mijn eigen gezin.

Ik vond het oneerlijk dat ik er alleen voor stond en was daar boos over. Ik vond dat ik een rechtszaak moest beginnen om mijn ex te dwingen zijn verantwoordelijkheid als vader voor de kinderen op te pakken, want ik wilde niet dat ik alleen voor de kinderen moest zorgen. Hij was het die geen abortus wilde en nu zat ik met de kinderen opgescheept. Dat gaf een dubbel gevoel. De ene kant wilde ik hem niet zien en de andere kant wilde ik dat hij zijn verantwoordelijkheid nam.

Deze hele situatie besprak ik met Xiomara. We hielden lange gesprekken. Het doel van Xiomara was dat ik mijn boosheid zou verminderen zodat ik mijn eigen aandeel in de relatie kon zien. Ik begon in te zien dat ik akkoord was met de relatie en dat ik zelf uiteindelijk degene was die de beslissing van abortus te laat heb genomen. Hij heeft mij niet gedwongen. Ik was, verblind door verliefdheid, bij hem gebleven en zwanger geraakt. Ik had eerder weg kunnen gaan, maar was gebleven. Daardoor besefte ik dat ik mijn verantwoordelijkheid moest gaan dragen.

De gesprekken met Xiomara hebben mijn vertrouwen in haar vergroot. Ik durfde te praten en Xiomara zei tegen mij dat ik eerlijk moest zijn: ik moet mezelf zijn en laten weten hoe ik over mijn ex denk en wat ik precies van hem wil. Zij vertelde mij dat als ik eerlijk ben, ik ook tot een eerlijke beslissing kon komen. Want als ik niet eerlijk kon toegeven dat ik nog van mijn ex hield, zou zij mij verkeerd kunnen begeleiden om hem uit mijn leven te halen terwijl ik dat eigenlijk niet wil. Xiomara zei dat de waarheid mij vrijmaakt. Dat was de doorbraak voor mij. Ik vertelde Xiomara dat ik nog van hem hield en dat ik hem de verantwoordelijkheid wilde geven als vader. En toen vertelde ik eerlijk dat ik stiekem contact met hem had. Xiomara vond het fijn dat ik eerlijk was. En zo besloot zij contact met hem op te nemen.

Xiomara ontmoette hem ergens, en hij vertelde zijn kant van het verhaal. Hij gaf aan dat hij met mij wilde trouwen en dat ik het niet wilde. Hij kreeg de mogelijkheid zijn kinderen te bezoeken onder toezicht van Xiomara. Het ging een tijdje goed. Tot hij weer begon te manipuleren en te dreigen met geweld. Hij wilde de kinderen niet meer zien en gaf aan dat hij geen kinderen hoefde zonder hun moeder. Xiomara ging in gesprek met hem en op een vredige manier besloot hij om uit ons leven te gaan. Natuurlijk ging de begeleiding op twee sporen. Terwijl hij in gesprek was om tot die beslissing te komen, was ik ook in gesprek om krachtiger te worden en te realiseren wat voor persoon hij was. Ik besefte dat ik niet zo'n man wilde hebben en ook niet zo'n vader voor mijn kinderen.

Tegelijkertijd hielp Xiomara mij ook met het uitbreiden van mijn netwerk. Wie van mijn familie kan er voor mij zijn en waarvoor. En op het moment dat ik iemand nodig heb, wie kan die persoon dan zijn.

Er kwam uit mijn netwerk onderzoek dat ik eigenlijk niemand had waar de kinderen bij konden logeren, zodat ik een keer van een "vrij" weekend kon genieten. Xiomara heeft zelf een groot netwerk, dat er voor haar klaarstaat. Zo bedacht zij dat een goede vriendin van haar wel een goede aanvulling voor mij zou kunnen zijn en zeker ook voor de kinderen. En daar kwam tante Rieka uit. Dat was heel fijn want de kinderen konden zo nu en dan een weekendje logeren zodat ik ook wat tijd voor mezelf had. Dan kon ik leuke dingen doen en ook lekker uitslapen om weer op kracht te komen.

Op een gegeven moment werd ook duidelijk dat ik mijn ouders nog moest vergeven. Mijn vader was al overleden en mijn moeder woont in Suriname en ik heb niet echt contact met haar. Ook dit hebben we opgepakt. Ik merkte dat ik vrolijker was geworden en dat ik verschillende mensen in mijn familie kon vergeven en weer een fijn contact kon onderhouden.

Nadat ik hiervan bewust was geworden moest ik tevens leren hoe ik de kinderen kon accepteren en dat ik niet steeds benoemde dat ik abortus had moeten plegen of dat ik hun niet wilde. Dit had ik niet verwacht, maar achteraf gezien was het nodig. Ik heb geleerd mijn kinderen lief te hebben en te waarderen. Mijn kinderen zijn zegeningen voor mij. Ik heb geleerd om geen negatieve woorden over mijn kinderen uit te spreken omdat ik erachter kwam hoe krachtig uitgesproken woorden kunnen zijn. Ik ben bewust bezig om zelfs in mijn boosheid geen nare woorden naar hen uit te spreken.

Xiomara en Roeland hielpen mij ook met de tweeling, zodat ik mijn opleiding tot stewardess kon afronden.

Ik zat in mijn laatste jaar en moest stage lopen als stewardess op Schiphol. Dat waren echt rot tijden. Als ik bijvoorbeeld om vier uur op Schiphol moest zijn, moest ik al om drie uur het huis uit. Maar ik moest het doen om mijn diploma te halen. Ook toen hebben Xiomara en Roeland mij enorm geholpen door een deel van de zorg voor de tweeling over te nemen. Het werkte perfect als een geoliede machine.

Ik liet de kinderen slapen, legde de avond ervoor hun kleding en het eten voor de volgende dag klaar, zodat zij de kinderen rond 7 uur konden douchen, eten geven en naar de opvang konden brengen. Als ik dan klaar was met mijn dienst, kon ik thuis nog even slapen om vervolgens later de kinderen zelf op te halen bij de opvang. Het was even pittig, maar met deze strakke planning lukte het wel. En uiteindelijk heb ik mijn diploma gehaald. Daar ben ik ze enorm dankbaar voor.

Na een jaar bij Xiomara te hebben gewoond, kreeg ik te horen dat ik niet door kon stromen in het traject. Er was geen vertrouwen dat als mijn kinderen en ik alleen zouden wonen, hun vader ons niet zou komen lastigvallen. Om dat te onderzoeken ging ik in een traject van beschermd wonen. Toen na enkele maanden bleek dat hij ons niet meer achtervolgde, kwam ik in aanmerking voor een eigen woning.

Maar ik bleef op bezoek komen bij Xiomara en Roeland. Later bleven de kinderen ook weleens bij hen slapen. En zo ging het langzaam van Xiomara en Roeland naar tante Xiomara en tio Roeland. Mijn kinderen noemen hen ook zo. Zij zijn echt als een oom en tante voor mijn kinderen.

In het jaar dat ik in Huize Kalor verbleef, heb ik heel veel geleerd over mezelf, maar zeker over de opvoeding van kinderen. Eén ding dat ik belangrijk vind en me eigen heb gemaakt en dat ik meegeef aan mijn kinderen, is dat kinderen een zegen zijn. Daarom behandel ik ze ook zo en geef hen dat gevoel. Ook dien je voor kinderen duidelijk te zijn; geef hen de begeleiding en de grenzen die ze nodig hebben om zelf op te bloeien tot krachtige zelfstandige mensen in de samenleving.

Dat jouw eigen jeugd niet mooi was, wil niet zeggen dat je dat niet kan creëren voor je eigen kinderen. Nu ben ik in charge en kan ik het verschil maken en ben ik in staat om ketenen van negativiteit te doorbreken.

Waardevolle handvatten die ik heb meegekregen en die ik heel erg koester zijn:
Wees er voor je kinderen met je volle aandacht en liefde. Woorden hebben kracht, spreek altijd positief over en naar je kinderen toe en let vooral op dat je geen rare dingen over hun leven uitspreekt. Daar ben ik elke dag bewust mee bezig, want zelf had ik er nooit zo naar gekeken. En zo kan ik nog wel doorgaan, want ik heb ontzettend veel geleerd in dat jaar, waar ik nu heel veel aan heb en waarvoor ik dankbaar ben.

Een veelgehoorde uitspraak van Xiomara over mijzelf was: "Het is altijd makkelijk en snel om te zeggen wat een ander fout heeft gedaan, maar steek eerst je hand in eigen 'boezem' en kijk wat voor aandeel jij zelf hebt in bepaalde situaties". Dat was voor mij goed om te leren, want tot de dag van vandaag kijk ik bij misverstanden etc. nu eerst naar mezelf, wat ik anders had kunnen doen.

Zoals ik al vertelde, heb ik mijn school afgerond en mijn diploma behaald. Nu ben ik werkzaam als grondstewardess. Ik ben blij met mijn tweeling die mooi opgroeit en het heel goed doet op school. Ondertussen zijn zij 5 jaar oud. En voor wat betreft mijn liefdesleven, zoals ik van Xiomara heb geleerd, sta ik niet zo maar een man meer in mijn leven toe. Ik let goed op want de man die mij liefheeft zal mij respecteren en ook mijn kinderen. Ik weet wie ik ben en wat ik waard ben. Ik ben de helper van een man die weet wat het is om een man en vader te zijn. Een man die veiligheid en liefde kan geven.

HOOFDSTUK 2

Nouhaily

Ik moet beginnen in 2018. Dat was het begin van mijn bevrijding, toen ik introk bij Huize Kalor. Voordat ik bij huize Kalor kwam, was mijn leven heel chaotisch en heel dramatisch. Ik ben een tweeling, opgegroeid in een Marokkaans gezin van vijf personen. Mijn ouders, mijn tweelingzus en een broertje. Tot aan het begin van de middelbare school ging het goed thuis. Met mijn 12e jaar begon ik opstandig te worden. Regels van thuis vond ik te streng en ik kon ook niks zeggen en ik mocht nergens naar toe. Er was voor mij geen liefde.

Jarenlang heb ik gevochten tegen mezelf en op mijn 16e ben ik weggelopen uit huis. Ik sliep dagen op straat tot ik een groep jongeren trof, net als mij. We leefden samen in een huis, waar niets anders gedaan werd dan feesten en drugsgebruik. Daar leerde ik de vader van mijn kind kennen. We begonnen een relatie en gingen buiten de stad wonen, dus niet meer waar ik met mijn ouders woonde. Ik zocht nadertijd contact terug met mijn ouders en kwam naar huis met mijn vriend om kennis te maken. Ik moest van hun trouwen. Dat hebben we gedaan. Op mijn 21ste raakte ik zwanger. Ons leven was niet gezond en onze omgeving was ook niet goed om een kind te baren. Ik heb mijn vriend gevraagd om daar weg te gaan om een beter leven op te bouwen, maar dat wilde hij niet.

Dus ik vertrok. Ik was weer dakloos en nu zwanger. Ik leefde van opvang naar opvang. Het was steeds noodopvang, tot ik op een dag naar het ziekenhuis moest en te horen kreeg dat ik een hele zware zwangerschap had. Mijn dochter bleek prematuur te zijn, dat houdt in dat het kind te vroeg en te klein geboren gaat worden. Ik vertelde dat ik drugs gebruikt had. Ik werd opgenomen en na onderzoek besloten zij dat de baby geboren moest worden. Ze hebben mij verteld dat ze de baby veilig moeten stellen. Het kind was zoals reeds bekend dus prematuur.

Ik mocht de eerste maand samen met het kind in het ziekenhuis blijven, terwijl er hulp gezocht werd. Er bleken weinig tot geen plekken te zijn waar begeleiding en verblijf was voor ons. Uiteindelijk kwam men uit bij ALTRA jeugdzorg die een specialisatie voor jonge moeders had. Na het gesprek met hen bleek dat ik niet bij hen terecht kon, omdat zij samenwerken met een gezinshuis dat opvang en begeleiding biedt. Dit gezinshuis heeft echter verslaving als contra-indicatie. ALTRA-jeugdzorg heeft desondanks toch een gesprek aangevraagd met het gezinshuis. Zo wist ik om welk gezinshuis het ging. Dit gesprek vond plaats op een donderdag. De gezinshuisouder, in dit geval Xiomara, vertelde uitgebreid wat de regels waren en zij benoemde verslaving als contra-indicatie.

Zij vertelde dat zij moeders begeleidde die na een periode van 9 maanden zelfstandig kunnen zijn en door kunnen stromen naar een vervolgfase binnen het traject. Een verslaafde moeder zal veel meer begeleiding nodig hebben en zij heeft geen expertise om een verslaafde moeder te begeleiden. Na dat gesprek kon ik weer in het ziekenhuis verblijven, tot maandag. Die maandag moest ik een plek hebben om samen met mijn dochter te verblijven. Als er geen plek gevonden kon worden, zou ik alleen het ziekenhuis verlaten en het kind zou in een pleeggezin geplaatst worden.

Zondag kreeg ik te horen dat er nergens in het land een plek was waar ik als verslaafde moeder met een prematuur kind kon verblijven met begeleiding. Ik was ten einde raad en belde Xiomara terug. Ik smeekte haar om mij een kans te geven en beloofde dat ik zou meewerken met het hulptraject, omdat ik mijn kind niet kwijt wilde raken. Ik wilde heel graag gaan leven voor mijn kind en een ander leven gaan leiden. Xiomara zei zonder ALTRA geen beslissing te kunnen nemen, omdat er een psycholoog een diagnostiek moet doen om te bepalen wat er allemaal nodig zou zijn voor de begeleiding.

Ik beloofde dat ik Xiomara maandag weer zou bellen nadat ik ALTRA heb gebeld. Zo gezegd, zo gedaan. Maandag heb ik ALTRA gebeld en ben ik meteen naar het gezinshuis gegaan om Xiomara weer te proberen te overhalen. ALTRA gaf aan dat Xiomara hen moest bellen als zij mij een kans wilde geven. Ik smeekte Xiomara mij een kans te geven. Zij zou contact opnemen met ALTRA en ik zou het in de middag te horen krijgen. Ik kon niet wachten en belde na twee uurtjes terug naar Xiomara, die mij weer naar ALTRA verwees. Eindelijk na weer twee uur wachten kreeg ik een telefoontje van een begeleidster van ALTRA, die vertelde dat zij mij samen met Xiomara een kans gaan geven. Ik mocht nog een nachtje in het ziekenhuis verblijven met mijn dochter. De volgende ochtend had ik een intakegesprek met ALTRA en Xiomara in het gezinshuis en mocht ik met mijn dochtertje verhuizen naar Huize Kalor.

In het gezinshuis zat ik met nog vijf andere moeders met hun kind. Ik had snel een band met de moeders. De zorg voor een prematuur kind was moeilijk. Het was mooi hoe we als jonge moeders elkaar onderling konden bijstaan en elkaar konden helpen. Mijn geval was ook voor de andere moeders moeilijk. Mijn kind huilde veel, had lang de tijd nodig om te eten en was erg klein. Gelukkig had Xiomara wel ervaring met de zorg voor een prematuur kind. Ik heb door mijn kind geleerd geduld te hebben. Toen ik zag hoe de andere moeders met hun baby's omgingen tijdens het verschonen bijvoorbeeld, besefte ik me hoe gevoelig mijn kind was ten opzichte van hen. Dat maakte dat ik des te meer liefde kreeg voor mijn kind.
Alhoewel ik thuis rebels was wegens regels in huis, had ik in het gezinshuis geen probleem met de huisregels en afspraken. We hadden vaste afspraken over het schoonhouden van de woning, vaste tijden om binnen te komen, het met respect omgaan met elkaar etc. We mochten niet roken in en om het huis. Er was een vaste plek om te roken.

Het gebruik van drugs zou leiden tot stoppen van het traject binnen het gezinshuis. Dat was een moeilijke regel voor mij als verslaafde. Mijn verslaving werd openlijk besproken met de andere dames. Dit omdat Xiomara denkt dat ze allemaal een steun voor mij kunnen zijn. Ik had duidelijke afspraken met Xiomara over het gebruik. Xiomara zei dat zij niet verwacht dat ik per direct zal stoppen, maar dat wij stapsgewijs zullen gaan minderen of stoppen. En vooral het gebruik van harddrugs moet softdrugs gaan worden. De planning was dat ik 1 keer per dag buitenshuis mocht gaan gebruiken en dat er geen zichtbaar gedragsverandering zou zijn. Dus Xiomara en Roeland mogen niet merken dat ik onder invloed was, doordat mijn gedrag of mijn emotie verandert. Xiomara mag geen drugs tegenkomen in het huis en de overige moeders mogen niet mee doen met het gebruik van drugs, ook niet buitenshuis. Roeland is getraind in het zien of iemand onder invloed is. Dus hij zou iedereen in de gaten houden.

Het was geen moeilijke tijd. Omdat ik al onder stress was van mijn kind, had ik geen behoefte om elke dag te gebruiken. Alhoewel ik wist wat de consequenties van drugsgebruik zouden zijn op de ontwikkeling van mijn kind, heeft Xiomara mij duidelijke uitleg gegeven. Mijn kind was de reden om niet te gebruiken en voornamelijk geen harddrugs. Ik gebruikte wiet als ik een keertje naar buiten ging. De eerste weken ging ik niet vaak naar buiten.

Nadat het twee maanden goed ging en ik meer naar buiten begon te gaan, ging de regel over in fase twee. Ik heb gezegd dat ik ga stoppen met drugs en alleen nog maar zal blowen. Ik besloot om onder behandeling te gaan. Twee keer per week ging ik naar de kliniek en moest ik urine inleveren. Na een maand waarin ik aangaf dat het goed ging en dat er niks gevonden werd in mijn urine, kwam Xiomara met het idee om mij onverwacht te laten urineren en dat te laten testen. Ik ging akkoord, maar de volgende morgen kwam ik naar Xiomara toe met de waarheid. "Xiomara, ik heb altijd andermans urine ingeleverd bij de kliniek, maar ik ga niet zeggen wie mij de urine gaf".

Xiomara bleef heel rustig en gaf me een knuffel. Ze zei, "Je wilt geholpen worden, het zal niet makkelijk gaan, maar waar er een wil is zal er een weg zijn". Ik schrok van haar reactie en barstte in tranen uit. Xiomara zei dat het even moeilijk is als een naald zoek in een hooiberg. Maar met AGAPE zal het gaan lukken. Ik vroeg wat is dat? Xiomara zei: "Dat is wat ik jou net heb gegeven. Onvoorwaardelijke liefde. De knuffel terwijl alles in mij en in jou verwacht dat ik je ga uitschelden en boos op je zal worden. Je bent eerlijk geweest. En erger nog, het interesseert mij niet wie het gedaan heeft. Ik wil diegene ook beschermen dus zal ik iedereen gezamenlijk aanspreken".

We hebben in het gezinshuis bij bijzondere momenten een gezamenlijk gesprek, dat tafelgesprek genoemd wordt. Xiomara riep iedereen bij elkaar voor een tafelgesprek. Ik kon niemand aanspreken voor ze aan tafel kwamen. Toen iedereen aan tafel zat, begon Xiomara te spreken. "Dames, ik wil Nouhaily voor iedereen feliciteren voor het feit dat zij nog een keer laat zien dat zij geholpen wil worden en dat zij kiest om in vrede en geluk te leven met haar kind in plaats van in tegenslag en ongelukkig". "Het is mooi als je een kind hebt en je kan kiezen om het kind een ander leven te geven dan dat leven wat jij hebt gehad. Dat je alles kan doen om jouw kind een beter leven te geven dan het jouwe. Het is mooi voor een ieder die dit kan doen. Als het om jouw kind gaat of dat van een ander. Als het om een andermans kind gaat, zal jouw leven zeker gezegend zijn. En zo niet dan zul je je nederlaag in het leven zien. Nouhaily, het traject wordt weer fase 1 waarin je om de twee dagen urine moet inleveren en dit keer moet je in mijn bijzijn urineren. Het potje krijg je van mij. Meid, het zal je zeker goed gaan". Dat viel als een bom onder de twee moeders die wisten dat er urine gegeven werd. Zij bleven stil. Xiomara gaf aan dat wij samen de kleine stappen van Nouhaily mogen vieren. Want wij delen allemaal mee in haar strijd. De winst en zegen zullen ons allemaal toekomen en als het een nederlaag wordt, zal dat ons ook toekomen. Wat je zaait zal je oogsten. Het tafelgesprek werd afgesloten met de vraag of er iets toegevoegd moest worden. Niemand had iets te zeggen.

Later ging één van de moeders naar Xiomara en vertelde dat zij wist en niks had gezegd van wat Nouhaily deed. Zij was medeplichtig aan het feit dat haar traject gefaald was en zij er spijt van had en dacht aan hetgeen Xiomara gezegd had. Zij wilde haar excuses aanbieden en zo de "vloek" van haar leven en die van haar kind afhalen. Xiomara heeft haar gerust gesteld en laten zien dat je nooit mee moet doen met iets wat een ander en vooral een kind in ondergang kan brengen. De andere moeder heeft het zelf niet erkend. Maar 1 jaar nadat zij uit het traject werd gezet, heeft zij verteld dat dit alles waarschijnlijk kwam doordat zij gezorgd had dat het traject van Nouhaily mis liep maar dat nooit heeft toegegeven. Maar dat ze de naam van een andere moeder had doorgegeven aan haar ambulante begeleider. Hiervan heb ik ook geleerd om steeds na te denken wanneer ik een beslissing neem, of dat in het belang is van mijn of een andermans kind.

Ik heb het traject goed doorlopen. Maar na drie maanden viel ik weer terug. Er werd mij een traject aangeboden waarvoor ik samen met mijn kind opgenomen zou worden voor behandeling. Het klinkt zwaar, maar toen ik naar mijn kind keek, kreeg ik de kracht om door te zetten. Ik zag waarvoor ik het zou doen en heb ook besloten het te gaan doen. Ik moest zes maanden wachten omdat er een wachtlijst was.

Terwijl ik nog steeds in het gezinshuis verbleef, werkte ik natuurlijk aan meerdere doelen. Een doel waar ik aan heb gewerkt was dagbesteding. Ik heb mijn school niet afgemaakt, dus moest ik een Niveau 1 opleiding gaan doen. Ik wilde security doen, omdat ik geen zin had om in schoolbanken te zitten en ook omdat ik lang niet naar school was geweest. Voor security kon ik een leerwerktraject doen. Dat heb ik gedaan. Het was een succes. Ik kon op Schiphol gaan werken, hoewel ik bang was dat het niet kon door mijn verleden met zware drugs en contact met politie wegens huiselijk geweld.

Xiomara leerde mij positief te blijven en zij bidt over alles. In het gezinshuis heb ik voor het eerst meegedaan aan Ramadan en dus heb ik deze tijd gebruikt om te bidden om deze baan te kunnen krijgen. In dezelfde periode heb ik ook gewerkt aan het herstel van de relatie met mijn ouders. Mijn ouders wilden niet geloven dat ik met Ramadan mee deed. Xiomara was niet erg streng in de regels en ik mocht wel water drinken, omdat ik het voor de eerste keer deed en ik niet rookte. Dat maakte dat ik de vervolgjaren meedeed aan Ramadan. Dit maakte mijn ouders gelukkig.

Terwijl ik goed bezig was in het gezinshuis en aan het wachten was om te verhuizen naar de kliniek, kwam de vader van mijn dochter met mij in contact via social media. Ik heb het aan niemand verteld. Een weekeinde dat ik uit logeren mocht bij mijn ouders, heb ik mijn ouders gezegd dat ik in het gezinshuis zou blijven en heb ik Xiomara laten geloven dat ik naar mijn ouders ging. Toen ging ik de vader van mijn dochter stiekem ontmoeten. Ik wilde dat mijn dochter zijn vader heeft en vertrouwde erop, dat als hij zijn dochter ziet het beter zal gaan met ons. Ik wilde geen relatie meer met hem, maar wilde hem wel in het leven van mijn dochter. Rond vijf uur hebben we elkaar ontmoet in een woning in Utrecht. De ontmoeting was leuk. Hij ontving zijn dochter met open armen. Hij vroeg of ik wilde eten en zorgde voor eten voor ons. Mijn dochter was toen 1 jaar en 2 maanden. Rond 7 uur heb ik mijn dochter in bed gelegd in de slaapkamer. Hij heeft een kamer speciaal voor ons ingericht.

Nadat mijn dochter in slaap was, kwam ik terug in de woonkamer en wie trof ik daar....mijn ex, ja de ware ex. Hij zat in zijn blote rug bij de eettafel met alle soorten drugsattributen. Ik viel terug in een trauma. Mijn verleden kwam terug voor me. Ik dacht: wat zal ik nu doen? Ik moet wijs handelen. Hij vroeg wat ik wilde. Ik zei niks, ik heb mijn kind hier, ik moet nuchter zijn voor als zij mij nodig heeft. Hij zei geen gekkigheid en pakte me beet. Hij heeft me gedwongen te snuiven. Later kwamen er mannen binnen, ik was al niet meer bij mijn gezonde verstand. Ik had geen fijne zaterdag avond en nacht. Zondag was ik de hele dag suf. Er werd voor mijn kind gezorgd door een meisje. Hij vertelde dat ik ziek was.

Zondagavond om 7 uur moest ik weer naar het gezinshuis. Ik kon niet weg, ik bleef daar en het was hetzelfde gedoe die zondagavond. Hij misbruikte mij. Xiomara belde mijn moeder om te kijken waarom ik niet terug was en dat ik me ook niet gemeld had. Toen werd het duidelijk dat ik gelogen had en waarschijnlijk ergens anders was. Ze begonnen te hopen dat er niets ernstigs zou zijn gebeurd. Maandag kwam ik ook niet, maar ik appte Xiomara dat het niet goed ging. En ik meldde dat ik ergens in Utrecht zat. En dat ik dinsdag zou komen. Ik heb dit bericht verwijderd van mijn telefoon dat de vader van mijn kind niet kon zien dat ik met iemand contact heb gehad. Maandagavond liet hij ons gaan. Ik ging naar huis van een bekende in Utrecht en ging dinsdag naar het gezinshuis.

In het gezinshuis aangekomen merkte Xiomara meteen dat iets niet goed was. De kleine werd aan mijn moeder meegegeven zodat ik tot rust kon komen. Mijn ouders waren boos op me, want ik heb hun weer teleurgesteld. Ik vertelde aan Xiomara alles wat er gebeurd was. Ik heb aangifte gedaan bij de politie en pakte mijn traject weer op. Het was een terugval, wat mij meer de kracht gaf om naar de kliniek te gaan.
Na die terugval had ik een zware tijd. Naar de buitenwereld liet ik zien alsof het goed ging terwijl het niet zo was. Door die terugval kon ik niet naar mijn werk en dat zorgde ervoor dat ik mijn examen niet haalde. Na die terugval kreeg ik ook weer erg last van trauma's. Dat maakte dat ik weer begon te gebruiken. Ik dacht dat ik het spelletje kon blijven spelen. Maar bij Roeland en Xiomara kon dat niet. Xiomara maakte het bespreekbaar met ALTRA. Er moet per direct gehandeld worden. Ik moest sneller opgenomen en opgesloten worden voor behandeling.

Gelukkig maar, want zij hebben mijn leven gered. Als dat niet was gebeurd, was ik volgens mij nu nog steeds verslaafd. Ik kreeg te horen dat ik naar een intensieve behandeling moest gaan, en dat heb ik met bloed, zweet en tranen geaccepteerd. Xiomara en

Roeland hebben mij tot het laatste moment geholpen met het verhuizen, ook daarna naar een andere stad. Zij hebben mij zelf ernaar toe gereden en zij stonden aan mijn zijde tot het laatste moment. Samen met mijn dochter ben ik opgenomen en behandeld.

Wat ik van Xiomara en Roeland heb geleerd en wat ik nog steeds toepas in mijn leven, is dat het niet erg is om hulp te vragen hoe diep je ook in de problemen zit. Je kunt altijd om hulp vragen, er is altijd een oplossing. Ook heb ik geleerd om echt lief te hebben en geduld te hebben voor mensen waarvan ik hou. En degenen die dicht bij mij staan, te waarderen. Wat ik ook heb geleerd is om bepaalde situaties of momenten niet alleen vanuit mijn oogpunt te bekijken maar ook vanuit de ander. Ik heb nog steeds contact met Xiomara natuurlijk, ik ben haar verloren dochter. Oh ja en dat gaat ook nooit over, want ik zie Xiomara en Roeland als mijn tweede ouders en dat zeg ik ook tegen iedereen, zo diep zitten zij in mijn hart.

Met mij gaat het onder de omstandigheden goed. Mijn dochter is vijf en ik heb een heel mooi huisje. Ik werk als maatschappelijk werker, als ondersteunende begeleider. Ik begeleid dakloze mensen totdat ze in hun woning zitten, dus ik doe eigenlijk iets wat ik zelf jarenlang heb meegemaakt. En daar haal ik voldoening uit en ik ben gewoon heel super trots dat ik dat mag doen en kan doen. Voor de rest geniet ik en hou ik van mijn leven, lekker reizen, lekker eten en blijven genieten tot het einde.

Huize Kalor was voor mij een zegen. Xiomara en Roeland zijn in mijn hart, ook als mijn ouders. Ze hebben mij gesteund en geholpen om een krachtige vrouw en goede moeder te worden. Ik leerde structuur omdat ik dat woord niet kende toen ik daar kwam wonen. Maar ik ben eruit gekomen "better than ever". Ik gun alle jonge moeders zo een kans, omdat je er zelf veel aan hebt en je kind nog het meeste!

HOOFDSTUK 3

Jessica

Ik kwam in het gezinshuis voor jonge moeders om te leren hoe ik voor mijn kind kon zorgen. Ik was verbaasd en blij te zien dat Huize Kalor ook opvang regelt voor de kinderen, zodat de moeders lekker met elkaar op stap kunnen gaan, bijvoorbeeld naar de sauna. Dat vind ik echt top.

Mijn naam is Jessica, 23 jaar oud en mijn dochter, Jenayah is 7 jaar,

Op mijn 15e raakte ik zwanger en ik woonde destijds nog in een pleeggezin. Daarvoor heb ik nog in twee andere pleeggezinnen en 2 instellingen/tehuizen gewoond. Maar in dit pleeggezin heb ik het langst gewoond. Ik was daar vanaf mijn tiende, totdat ik een paar maanden zwanger was. Ik had een voogd en in mijn geval nog een pleegzorgbegeleider. Ondanks dat ik zelf vrij jong was, wilde ik mijn kind een goed leven geven. Ik was zelf vanaf mijn vijfde jaar uit huis geplaatst en heb in meerdere instellingen moeten wonen en veranderde meerdere malen van pleeggezin. Omdat ik het beter wilde doen voor mijn kind, heb ik via de rechter aangevraagd om meerderjarig verklaard te worden, zodat ik zelf op alle vlakken zeggenschap had en verantwoordelijk zou zijn voor mijn kind. Samen met mijn pleegouders heb ik naar verschillende mogelijkheden gekeken in het belang van het kind en van mij. Uiteindelijk kwamen we tot de conclusie dat ik capabel genoeg was om zelf te proberen voor mijn kind te zorgen. Via jeugdzorg en pleegzorg ben ik toen doorverwezen naar het gezinshuis.

Als 16-jarig meisje met een grote rugzak en een baby van net 10 dagen, ben ik op 25 augustus 2016 verhuisd naar Huize Kalor. Op dat moment had ik nog geen verwachtingen of vooroordelen met betrekking tot het gezinshuis. Ik was allang blij dat er een plaats was waar ik opnieuw kon beginnen en dat ik voor mijn baby kon zorgen. Ik had geen idee wat Huize Kalor voor mij zou betekenen! Hoewel ik er zonder te veel verwachtingen in was gestapt, had ik wel heel goed voor ogen wat ik wilde bereiken. Ik had als doel om de vrouw te worden die ik wilde zijn.

Op de dag dat ik verhuisde naar Huize Kalor, heb ik voor het eerst kennis mogen maken met de gezinshuisouders. Ik kreeg een rondleiding en er is mij duidelijk uitgelegd wat de regels en verwachtingen zijn binnen het gezinshuis en van de gezinshuisouders. In het begin was het natuurlijk even wennen aan de situatie en de verandering van leefomgeving met andere mensen. Maar ik heb al best snel mijn eigen draai kunnen vinden, omdat duidelijk was wat er van mij werd verwacht en dat paste goed bij wat ik wilde bereiken en wilde doen voor mezelf.

Omdat ik nog minderjarig was en nog nooit een baan gehad had, kreeg ik eerst weekgeld en moest er wekelijks mee rond leren komen voor mij en voor mijn kind. Het huishouden werd wekelijks verdeeld onder de moeders die daar woonden, koken moest ik voor mezelf doen en naarmate mijn kind ouder werd, ook voor haar. Wekelijks kwam er een ambulante begeleider langs om te kijken hoe het met mijn dochter en mij ging. Een keer per maand kwam er ook een financiële begeleider, die met mij mee keek naar de mogelijkheden binnen mijn financiën.

Eenmaal in het gezinshuis heb ik de gezinshuisouders Xiomara en Roeland beter mogen leren kennen. Vanaf het begin was ik al erg open naar hen en dat waren zij ook naar mij toe. Niet alleen naar mij maar ook naar de andere moeders in het gezinshuis. Destijds was ik de jongste moeder in het gezinshuis en liet dat niet merken in mijn karakter of de manier waarop ik mezelf en dochter representeerde, wat wel opgemerkt was bij de gezinshuisouders. Ik heb mezelf erg aan hen gehecht, omdat ze net echte ouders voor mij begonnen te worden (zijn). Ze gaven structuur en duidelijkheid, zo wist ik waar ik aan toe was en ook wat ik van hen kon verwachten. Vragen en gespreksonderwerpen waarvoor een dochter naar haar moeder gaat, daarmee kon ik terecht bij Xiomara. Ze gaf mij dat kleine stukje moederliefde dat ik gemist had in mijn jeugd. Ondanks dat ik al 16 jaar oud was en meerdere moederfiguren gehad heb, was zij precies de combinatie van de soort moeder die ik toen nodig had. Duidelijk en direct als je dat nodig hebt met meteen een knuffel erachteraan om je te laten weten dat zij er voor je is!

Met Roeland ging het wat anders, hij stond wat meer op de achtergrond, maar zocht voorzichtig toenadering door luchtige gesprekken aan te gaan. Af en toe kwamen er ook voorzichtig gesprekken die wat moeilijker waren, maar dat lukte door het altijd grappig te houden. De combinatie van deze twee mensen past precies bij wat er in z'n gezinshuis nodig is. Of in ieder geval wat er voor mij nodig was.

De dingen die ik meegekregen heb in het gezinshuis en die ik belangrijk vind zijn:

1. Leer van jezelf te houden voordat je van een ander kan houden. Ik was nog geen volwassen vrouw toen ik in het gezinshuis woonde, maar ik heb wel moeten leren wat het is om een vrouw te zijn en een moeder. Juist omdat je niet meer alleen bent, maar met een kind dat naar je opkijkt en van je leert. Het is nodig om jezelf belangrijk genoeg te vinden zodat je het beste met jezelf voor kunt hebben. Je moet eerst van jezelf leren houden.

2. Als je iets wilt bereiken in het leven en je gaat er voor de volle 100 procent voor, dan gaat het lukken. Op het moment dat ik in het gezinshuis kwam wonen, had ik nog nooit een baan gehad en nog niet echt met geld leren omgaan. Ook omdat ik natuurlijk net 16 was. Ik wilde heel graag diploma's halen en ben begonnen met een opleiding.

3. Het creëren van structuur in je leven, door een routine te hebben die bij jouw huidige situatie past. In het gezinshuis heb ik een routine geleerd voor mijn kind en mij, door te plannen. Dagelijks rond dezelfde tijd opstaan, eten en naar bed gaan. Het plannen en creëren van een routine zorgt voor duidelijkheid en houvast.

4. Zie jouw kind zoals die is, door hem/haar te leren kennen. Xiomara heeft mij aangeleerd om te herkennen wat de behoeften van mijn kind zijn, los van de basisbehoeften. Ik heb mij daarop leren focussen, mijn dochter was nog een baby en die kunnen natuurlijk nog niet praten of aangeven als er wat is. Xiomara heeft mij geleerd te observeren wat het zou kunnen zijn als mijn dochter huilde of dwanggedrag liet zien of boos was en het niet kon verwoorden.

In totaal heb ik 1 jaar en 3 maanden in Huize Kalor gewoond, wat normaal lang zou klinken. Voor mij voelde het alsof ik een tienermoeder was en gewoon erg jong. Ik heb veel geleerd op verschillende manieren. Ik heb kunnen opkijken naar de gezinshuisouders, hoe zij met ons omgingen en ook met elkaar. De manier waarop Xiomara en Roeland met elkaar omgaan en samen alles doen, heeft mij hoop gegeven dat echte liefde bestaat. Dat als je jezelf waardig genoeg vindt, de juiste persoon jou naar jouw waarde zal behandelen.

In dit alles ben ik denk ik bijna het mooiste vergeten, namelijk wat wonen in Huize Kalor voor mijn dochter heeft betekend en de band die mijn dochter Jenayah heeft gekregen met de gezinshuisouders. We zijn in het gezinshuis komen wonen toen zij 10 dagen jong was totdat ze net iets ouder dan 1 jaar was. Xiomara en Roeland hebben mijn dochter en alle andere kinderen die er woonden altijd momenten van aandacht gegeven en duidelijk laten zien dat ze mochten zijn. Wat voor mijn dochter iets anders was, is dat ze zelf wat meer toenadering zocht naar de gezinshuisouders, die in het begin hadden aangegeven niet te veel te willen hechten aan de kids maar er wel gewoon voor hen te zijn. Jenayah is zich als baby gaan hechten aan de aanwezigheid en aandacht van de gezinshuisouders. En zij op hun beurt, heel stiekem, ook aan Jenayah. Zo kreeg zij een eigen koosnaampje van Roeland (Boesh Boesh) en niemand anders kon haar ook zo noemen.

Xiomara heeft erg bijgedragen bij haar leren kruipen; zo dronk ze wel eens muntthee en Jenayah was erg benieuwd wat er in haar kopje zat en elke keer als ze dichterbij kwam, gaf Xiomara haar een slokje thee als beloning. Jenayah is naarmate ze ouder werd de gezinshuisouders tante Xiomara en oompie Roeland gaan noemen, zoals ik eerder aangegeven had, woonden wij er 1 jaar en 3 maanden. Omdat ik nog niet echt ontdekt had wat ik aan mijn netwerk had en ik die niet goed wist te benutten, hebben wij Jenayah's 1e verjaardag in Huize Kalor mogen vieren.

Dat was voor Jenayah erg fijn, want ze kende dat als haar thuis en voor mij was het ook heel prettig omdat ik me daar thuis voelde.

Om op het netwerk terug te komen, zelfs nadat wij verhuisd waren uit het gezinshuis hebben Jenayah en ik tot op heden erg goed contact met de gezinshuisouders Xiomara en Roeland. Jenayah en ik gaan er weleens eens op bezoek en bellen om te vragen hoe het gaat of om gewoon alledaagse onderwerpen te bespreken. Af en toe ook voor adviezen of feedback over bepaalde onderwerpen waar ik zelf niet veel van afweet, onder andere met financiën en Xiomara bijvoorbeeld wel. Jenayah logeert eens in de zoveel tijd bij Xiomara en Roeland thuis, ze voelt zich daar nog steeds thuis. De gewoontes van Xiomara en Roeland kent ze heel goed en omgekeerd kennen zij haar ook goed. Voor ons is het gezinshuis een blijvend netwerk en kunnen we terugkijken op een mooie leerzame tijd. Tot op heden zijn er dingen die ik in het gezinshuis geleerd heb die ik nu nog toepas in het leven van mijn dochter en mij!

En met dat alles ben ik zelf geïnspireerd geraakt door de diensten die Xiomara en Roeland leveren aan de jonge moeders en hun kinderen en in sommige gevallen de families. De warmte en liefde die ze geven is gemeend en dat kun je voelen. Ik gun de ervaringen die ik in Huize Kalor heb opgedaan aan ieder kind, maar vooral de jonge moeders/gezinnen die nog veel moeten leren over het (volwassen) leven. Door Xiomara en Roeland zou ik later ook graag een gezinshuis willen openen, alleen niet voor jonge moeders. Maar voor (jongeren) jongens vanaf 15 tot en met 25 jaar, die moeite hebben om op het rechte pad te blijven of niet weten waar ze terecht kunnen met hun vragen en problemen met betrekking tot werk of school. Zodat zij toch een plek kunnen vinden in de maatschappij en ergens het gevoel krijgen dat er mensen zijn die om hen geven. Ongeacht wie of wat ze waren voordat ze de keuze maakten om een betere toekomst voor zichzelf te willen en daar ook aan te werken. Mocht deze droom van mij uitkomen, dan weten Xio en Roeland (zoals ik ze noem) dat ik nog vaak bij hen terugkom met nog meer vragen!

Dit was in grote lijnen het verhaal van mijn dochter en ik hoe wij het in Huize Kalor hebben ervaren. Jullie zijn nog steeds in mijn leven! En ik ben jullie voor altijd dankbaar en ik hoop dat jullie de vruchten van de zaadjes die jullie in ieder van deze leventjes gezaaid hebben, mogen blijven plukken. Groetjes jullie niet zelf gemaakte dochter!

HOOFDSTUK 4

Rose

Mijn naam is Rose en ik ben nu 24 jaar oud. Op mijn 16e kwam ik erachter dat ik zwanger was van mijn dochtertje Jaylee. Het enige wat ik zeker wist, was dat ik dit kindje wilde houden en wilde zorgen dat ik het beste leven kon creëren voor ons beiden. Hieraan heb ik geen moment getwijfeld, wat voor tegenslagen ik ook meemaakte. Ik had al een paar jaar een relatie met haar vader, die een aantal jaren ouder was. De realiteit was echter dat ik minderjarig was, geen diploma had, nog op school zat en geen geld of een baan had. Ik woonde in een onstabiele omgeving waarvan ik zeker wist, dat ik mijn dochter daar niet in kon grootbrengen.

Daarnaast stond mijn familie er ook niet bepaald om te springen, dat hun 16-jarige dochter en zusje zwanger was. Hoewel ik nog samen was met de vader, stond ik er voor mijn gevoel helemaal alleen voor. Onze relatie verslechterde tijdens de zwangerschap en het eindigde uiteindelijk met een breuk. Het enige wat ik voor mijn gevoel had was mijn geloof. Ik heb vanuit huis altijd het christelijke geloof meegekregen, dus het enige waar ik op bouwde was God.

Mijn zwangerschap was geen makkelijke tijd en dan heb ik het niet over lichamelijke kwaaltjes, want daar had ik overigens niet al te veel last van. Ik begon aan een opleiding op MBO niveau 1, omdat ik nooit mijn middelbare school had afgemaakt. Op school was ik even een 'doodnormale' 16-jarige en hoefde ik even niet te denken aan al mijn zorgen. Dat veranderde toen mijn buik begon te groeien en ook mijn klasgenoten en leraren begonnen te zien dat ik zwanger was. Het begon met een opmerking van een klasgenoot die zei "Hoe is je buik zo dik?" " Ben je zwanger?" waardoor uiteindelijk iedereen door had dat ik daadwerkelijk zwanger was. De schande en schaamte die ik daarna voelde onder het mom van '16 en zwanger', drukte vanaf toen elke dag weer opnieuw op mij. Deze opmerking leidde tot een gesprek met mijn mentor die zich grote zorgen om mij maakte en ook over het vervolg van mijn opleiding. Hij stuurde mij door naar de school decaan en zij bracht mij in contact met Altra.

Via Altra kwam ik uiteindelijk terecht in het gezinshuis. Toen ik in het gezinshuis kwam wonen, was ik net 17 jaar en mijn dochter was 4 maanden oud. Het idee dat ik samen moest wonen met andere moeders en gezinsouders vond ik eerlijk gezegd vreselijk. Ik was vastberaden dat ik mij zoveel mogelijk zou afsluiten, mijn doelen zou behalen en daar zo snel mogelijk weer weg zou gaan. Niets bleek echter minder waar. De gezinshuisouders Xiomara en Roeland lieten mij in alle rust en zelfstandigheid zorgen voor mijn dochter en gaven advies en ondersteuning waar dat nodig was. Verder sloot ik mij zo veel mogelijk voor hen en de andere moeders af.

Van een afstand had ik toch altijd grote bewondering voor Xiomara. Haar adviezen waren altijd erg wijs en doordacht. Ik kon duidelijk zien dat ze echt gaf om de moeders en hun kinderen. Ze had een band met hen en uit haar woorden kon ik zien dat zij oprecht het beste voor hun wilde. Ze was professioneel en zei alles precies zoals het was, maar toch ook zachtaardig en meelevend.

Op een ochtend stond ik op met mijn dochter en zaten wij als enige aan de eettafel. Deze kamer grensde aan de woonkamer van Xiomara. Zij was vrolijk aan het schoonmaken en zingen en tot mijn verbazing luisterde zij gospelmuziek. Toen wist ik zeker dat ik hierover met haar in gesprek moest. Ik zat met het feit dat ik in een christelijke kerk zat en dat die mij afwees omdat ik zwanger ben geworden. Het was een kans om er met Xiomara over te spreken hoe zij hierover denkt. Dus stapte ik op haar af en vroeg ik haar of zij een Christen is. Zij antwoordde 'ja' en meteen erachter 'een wedergeboren één'. Ik vroeg waarom zij dat erbij zei. Zij gaf aan dat een christen iemand is die in God gelooft. Zij gelooft in God, maar heeft ook haar leven aan De Here gegeven en leidt haar leven bewust naar de wil van God.

Toen vroeg ik haar, hoe het kan zijn dat zij naar Gods wil leeft en toch haar huis open doet voor jonge moeders die feitelijk seks hadden voor het huwelijk, wat toch een zonde is volgens God. Xiomara lachte en zei: "Je weet goed wat Gods wil is, maar ken je Jezus ook?" Ik zei dat ik hem ook kende. Toen zei Xiomara, dat als ik Jezus ken, ik zou weten dat Jezus niet gekomen is voor goede mensen maar voor zij die in de zonde leven. Dus zij wil zijn als Jezus. Ik bleef stil en voerde gesprek met Xiomara over mijn afwijzing vanwege mijn zwangerschap. Door die afwijzing en dat mij gezegd was dat mijn kind uit zonde is geboren, heb ik onbewust een verwijt richting mijn kind. Bijna ben ik zelf mijn kind ook als een kind van zonde gaan zien. Xiomara zei dat zij beloofd heeft niet tot de moeders te zullen prediken, maar dat zij zich nu wel gedwongen voelt om het mij uit te leggen en mij en mijn kind vrij te maken van religieuze uitspraken. Xiomara gaf mij een Bijbeltekst die zegt, dat kinderen een zegen van hun ouders zijn. En zij liet mij zelf lezen en bleef me vragen of er bij stond dat het afhankelijk is van de situatie waarin het kind verwekt is. Na dat gesprek ervaarde ik inderdaad een andere liefde voor mijn dochter. Wij bleven praten over het geloof en ze vertelde over de kracht die God haar geeft om dit werk te doen en ze moedigde mij om mijn geloof weer op te pakken en te blijven vertrouwen op God.

Vanaf die dag durfde ik mij open te stellen en veranderde alles. Xiomara, Roeland en de moeders waarmee ik samenwoonde, werden net één grote familie. De moeders en ik deden heel veel samen. We deden samen boodschappen, kookten vaak samen, zaten samen films te kijken op de bank en we steunden elkaar in moeilijke tijden. Ik durfde met de andere moeders te praten over het geloof en zo kwam er belangstelling bij één van de moeders om haar leven aan de Heer te geven. Ik had een blog gemaakt waar ik het over mijn leven en ervaringen met de Heer had.

Xiomara en Roeland waren net als ouders die er af en toe bij kwamen zitten en met ons kwamen praten en lachen. Roeland was ontzettend dol op onze kinderen en zij zijn net zo dol op hem. Ik dacht bij binnenkomst dat ik het gezinshuis snel zou verlaten en dat ik nooit meer terug zou kijken. Maar Xiomara en Roeland zijn tot de dag van vandaag als familie voor mij en ik zou hen niet willen missen.

Het belangrijkste dat het gezinshuis mij heeft geleerd, is om me te kunnen openstellen voor anderen en om structuur te creëren in het leven van mij en mijn dochter. Ik heb geleerd dat het leven letterlijk zal zijn wat ik ervan maak en dat mijn keuzes alles zullen bepalen. Ik heb relaties met mijn familie hersteld, ik heb geleerd hoe ik contact kan onderhouden met de vader van mijn dochter als ouders. Hoewel we geen relatie meer hadden, maar wel dat wij goed met elkaar konden opschieten in het belang van ons kind. Wij konden elkaar aanvullen in het leven van onze dochter.

Ook heb ik mijn school weer opgepakt en durfde ik een test af te leggen om een niveau 4 opleiding te kunnen volgen. Vandaag de dag heb ik mijn HBO diploma behaald.

Het belangrijkste boven alles is dat ik banden heb opgebouwd voor het leven.

HOOFDSTUK 5

Jeany

É én van de voorwaarden om in het gezinshuis te komen is dat je één kind hebt. Huize Kalor doet dit, zodat de ruimtes in de slaapkamer niet te krap worden. Maar als het gaat om de nood van de mens en voornamelijk om een kind, dan vergeet Xiomara deze voorwaarden of creëer zij een mogelijkheid. Out of the box!

Jeany woonde in eerste instantie samen met haar vriend en 2 kinderen in een noodopvang die opgeheven zou worden. De volgende plek was het gezinshuis als ik zou toestaan dat er 2 kinderen konden komen. Ze wisten dat zij uit elkaar zouden worden gehaald, want er wordt voornamelijk gedacht vanuit het belang de kinderen. Ik stemde toe, omdat de kinderen samen nog in een tweelingbox konden slapen. Jeany zou dan haar traject in het gezinshuis kunnen vervolgen. Zij was al bekend met het leven in een instelling met andere moeders. Het verschil was nu, dat er in het gezinshuis niet verschillende begeleiders zijn, maar gezinshuisouders die inwonend zijn.

Haar kinderen waren zes maanden en twee jaar. Zij had contact met de vader van de kinderen, hun relatie kende veel conflicten. Jeany wilde geen relatie meer, maar de vader wilde dat niet horen en bleef haar als partner zien. Om duidelijkheid te creëren heb ik bepaald, dat vader als bezoeker niet welkom is in het gezinshuis, maar hij mag wel komen om iets te brengen of halen voor de kinderen of als hij hun ophaalde of bracht. Er was met vader duidelijke bezoekregelingen afgesproken.

Jeany komt uit een gebroken gezin. Zij kon in de weekenden bij haar vader logeren, waar ook een zus woonachtig was. Met haar moeder was er geen contact. Verder had zij contact met de oma van de kinderen. Hier mochten de kinderen om het weekend uit logeren. Omdat de jongste nog te klein was, bleef hij niet slapen bij oma. Jeany had geen volledige dagbesteding bij binnenkomst. Twee dagdelen per week was ze bij ALTRA in een traject om uit te zoeken wat zij zelf graag zou willen gaan doen. Ze wilde zorg en welzijn niveau 2 gaan doen. In het gezinshuis konden kinderen naar een opvang als de moeders een dagbesteding hebben, daarom mochten haar kinderen naar de opvang.

Jeany kon goed opschieten met de andere moeders in het huis en was dik bevriend met Karin. Zij en Karin deden alles samen. Karin verbleef in de weekenden bij haar vriend, waar Jeany soms mee naar toe ging. Zij had doelen als werken aan haar zelfbeeld en structuur in haar dag en in haar dagbesteding.

Een ander heel belangrijk doel was inzicht in haar netwerk. Jeany had niet veel mensen, die er op een positieve manier voor haar en vooral voor de kinderen konden zijn. Voor wat betreft haar eigen familie was er geen structuur en veiligheid bij haar vaders huis, dit maakte dat zij de kinderen niet alleen bij haar vader mocht laten. Met haar moeder had zij zo goed als geen contact, zij verbleef in een instelling. Verder had zij een vriend die af en toe langs kwam. De meeste weekenden ging zij uit logeren bij haar vader of soms bij Karin en haar vriend. Jeany zei dat zij zelf geen relatie had, maar wel een goede vriend.

Na 4 maanden in het gezinshuis is Jeany begonnen met haar opleiding. Zij was snel gewend aan het nieuwe leven van 's morgens vroeg opstaan om zichzelf en de kinderen klaar te maken, om op tijd uit huis te zijn. Jeany was 2 maanden goed bezig met haar school, toen zij ons vertelde dat haar moeder terminaal was en werd opgenomen in een tehuis. Haar zus had aan haar gevraagd of zij samen met haar de nacht kon doorbrengen bij moeder. Jeany zette haar kids in bed en rond half 9 vertrok zij naar de instelling en ik paste de avond en nacht op de kinderen. Zij kwam elke ochtend om zes uur thuis, maakte de kinderen klaar en bracht hen naar de opvang. Zij kon niet naar school, omdat zij niet de hele dag kon draaien wegens te weinig slaap. Na de 4de dag, pakte zij haar school weer op omdat zij daar bij moeder kon slapen.

Een week nadat zij dit deed, vroeg ik aan haar wat het met haar deed. Zij had geen contact meer met moeder en nu zij in die toestand verkeert en Jeany niets meer met moeder kan bespreken. Jeany vertelde dat zij dit doet omdat haar zus gevraagd had en dat zij uit zichzelf geen behoefte had om het te doen. "Ik hoef haar ook nu niet te spreken". Het antwoord was hard voor mij, dus was hét moment om niet verder te gaan met het gesprek. Ik zei alleen dat ik het begreep en bleef verder stil.

Normaal gesproken ben ik iemand die aan haar zou hebben gezegd wat haar antwoord met mij heeft gedaan en zou het gesprek vanuit dat punt verder oppakken. Maar op dat moment kon ik het niet doen. Dus was dat einde van het gesprek. Die avond toen ik in bed lag, vertelde ik mijn man over het gesprek met Jeany. Ik zei tegen hem dat ik een raar gevoel had en dat ik God vraag mij te openbaren wat er gaande was tussen dit meisje en haar moeder, en ik vroeg Hem mij de kans te geven om het met haar over vergeving te hebben. En het was alsof ik geen rust had over het gedoe met de terminale moeder en het feit dat zij elke avond bij haar moest blijven.

De volgende ochtend kwam Jeany weer om 6 uur thuis en zoals gewoonlijk vroeg ik hoe het met haar moeder gaat. Dit keer liet zij het mij niet vragen en zei ze: "Het is alsof zij niet heen wil." Mijn antwoord was: "Soms is er een reden voor". En ik liep weg. Jeany maakte zichzelf en haar kinderen klaar en vertrok.

In het gezinshuis heb ik een privé telefoon. Niemand anders dan mijn familie heeft dit nummer. Het is een geheim nummer. Die telefoon ging over in de middag. Verbaasd nam ik op en voordat ik kon antwoorden, vroeg degene aan de andere kant of dit de opvang is. Ik vond het vreemd dat een vreemde dit nummer had, voor de opvang. Dat betekent dat de klantenservice van de telefoonbeheerder hoe dan ook een fout heeft begaan en mijn geheime nummer had afgegeven. Dus ik gaf geen antwoord op de vraag, maar stelde de vraag hoe diegene aan het nummer is gekomen. Zij antwoordde dat zij het van de informatiedienst had gekregen. Ik gaf aan dat het een geheim nummer is en niet tot de opvang behoort maar wel in de opvang is.
Toen bood degene haar excuses aan en vroeg of ik de hoofdbewoonster was. Na mijn bevestiging introduceerde zij zichzelf. "Mevrouw, ik ben de moeder van Jeany. Ik begreep dat zij bij u inwoont met haar kinderen". Ik schrok. Zij vervolgde: "Mevrouw, ik weet

niet wat er met dat meisje gaande is. Ik begreep dat zij overal loopt te vertellen dat ik terminaal ben. Ik heb haar bijna 2 maanden niet gezien en zij neemt mijn telefoon niet op wanneer ik haar bel". Ik onderbrak haar en vertelde dat Jeany ook aan mij verteld had dat haar moeder terminaal was, maar dat zij vanaf binnenkomst bij ons had gezegd dat zij geen contact had met haar moeder. Ik vervolgde:" Ik laat haar al anderhalve week zogenaamd bij u slapen." De moeder bleef rustig en vertelde dat zij geen enkel probleem had met Jeany. Moeder woont wel in een instelling, maar Jeany komt heel weinig langs, maar wel belde zij moeder elke week. Ik zei tegen de moeder dat ik zal gaan uitzoeken wat er gaande was.

Moeder vroeg om Jeany niet te laten weten dat zij gebeld had. Nogmaals bood zij excuses aan voor het feit dat zij mijn privénummer had gekregen. Zij legde uit dat zij gebeld had naar de informatiedienst en daar gevraagd had welke telefoonnummers er op dit adres waren. Omdat het een opvang is en zij er eentje zocht van de hoofdbewoner, dus dat het misschien daardoor kwam dat zij het nummer had gegeven. Ze zou het nummer vernietigen. Ik heb moeder beloofd haar op de hoogte te houden van het verloop van de situatie.

Jeany kwam thuis zoals elke dag uit school met de kinderen. Zij draaide haar avond zoals gewoonlijk en vertrok om 20.30u naar haar moeder. Voordat zij vertrok, vroeg ik haar of zij alleen daar bleef slapen of zij het samen deden. Zij vertelde dat haar zus de dag doorbracht met mama en zij de avond/nacht. Ik wenste haar succes en liet haar gaan. Zij vertrok van de voordeur, terwijl mijn man van de achterdeur vertrok. Hij zette een achtervolging in. Jeany werd door een auto opgehaald op de hoek van de straat. Het kenteken van de auto werd opgeschreven. Mijn man had gezien dat het de 'goede vriend' was. Deze vriend was nooit bij ons binnengekomen. Wij weten niet wie hij is en wat hij doet.

De volgende dag verliep zoals de afgelopen dagen. Toen het avond werd en Jeany zich ging voorbereiden om te vertrekken, riep ik haar aan tafel. Zij ging rustig zitten. Ik viel met de deur in huis. Jeany, wat is de reden waarom je je moeder zo haat? Zij bleef stil en antwoordde dat zij haar moeder niet haat, maar dat zij haar niet mocht. Haat is een groot woord. Toen zei ik tegen haar, dat wanneer ik zo lang over mijn moeder kan liegen dat zij terminaal is, is het omdat ik haar haat. Ik vroeg haar mij te vertellen waarom zij zoiets liegt over haar moeder? Ik zei tegen haar dat ik op de hoogte was van wat zij aan het doen is. Ik vroeg hoelang zij denkt dat zij dit kan blijven doen.

Zij zei dat zij wilde gaan vragen of zij in de avond mag werken. Ik vroeg waar zij dacht te gaan werken. En of zij dit wat zij aan het doen is werken vindt. Ik zei: "Jeany, als jij niet iets doet wat je graag wilt doen of als je onder dwang werkt, is het geen werken. Ik ken het loverboy circuit, ik weet er alles van. Jij hoeft mij niks te vertellen en ik zal er verder niks mee doen. Het enige wat ik tegen jou zeg is dat de beslissing in jouw handen ligt en dat ik je in bescherming neem". Dat wil zeggen zowel zij als haar kinderen. "Vanaf vandaag ga je niet meer weg. En als je weggaat, zal de politie jullie pakken. De auto die jou ophaalt en waar je naar toe gebracht wordt is al bekend. Ik herhaal, ik ken het loverboy circuit goed. Ik weet hoe ze werken en ik weet hoe gevaarlijk ze voor jou kunnen zijn. Je mag niet meer naar je moeder. Dat is de beslissing vanuit het gezinshuis. Vertel dat maar aan hem".

Het enige wat zij antwoordde was, ik wil het ook niet, ik zal het hem zeggen. Die avond bleef zij thuis. Wij hadden de rust omdat ik dit alles al vooraf had besproken met de wijkagent en we wisten dat ons huis onder toezicht van de politie was. De volgende dag is Jeany uit huis gegaan als normaal. Zo ging het goed tot het weekeinde. Jeany had aangegeven dat zij niet ging logeren en dat zij in het gezinshuis zou blijven. Jeany vertelde dat het erg druk is bij haar vader thuis en dat zij niet naar Karin kan. Zaterdagmiddag kwam de vriend bij onze deur en die wilde mij spreken. Hij wilde weten waarom Jeany niet meer in de avond weg mag. Ik gaf aan dat mijn regels zijn dat een moeder om 19.00u binnen moet zijn. En dat er in een hospice werkers zijn die op cliënten moeten passen en mijn werk is niet oppassen op de kinderen.

Hij vroeg hoe het zit met de weekeinden. Want hij wil met Jean stappen en waarom ik niet kan oppassen. Door zijn vragen kwam ik erachter dat Jeany met hem gesproken heeft en waarschijnlijk ik de "schuld" kreeg dat zij niet uit huis kan in de avond. Ook dacht ik dat Jeany daardoor, ter bescherming, niet uit logeren is gegaan. Op zijn vraag van waarom ik niet kan oppassen, gaf ik weer aan dat het mijn taak niet is en dat Jeany aan haar netwerk moet werken. Hij vond dat als wij er zijn om haar te begeleiden, dat wij haar ook moeten helpen met oppassen. Regels verschillen per opvang, ieder doet wat zij aankan. In dit geval zijn die van ons zoals ik het gezegd had. Hij draaide zich om en liep weg. Groeten was blijkbaar te veel op dat moment. Maar duidelijk voor mij was dat hij het niet leuk vond of zelfs boos was.

Binnen gekomen vroeg ik aan Jeany wat zij aan hem verteld had. Jeany zei dat zij gezegd had dat ik niet meer kon oppassen en dat iemand anders maar op haar moeder moest passen. En dat de kinderen niet alleen bij haar vader thuis mogen blijven. Het wordt gecontroleerd en als jeugdzorg de kids alleen daar treffen, worden ze weggehaald. Hij was niet blij en zei dat hij zelf naar mij zou komen. Ik heb haar gezegd dat het goed is als zij iets aan hem gezegd heeft, het ook aan mij te melden. Ik weet waar hij mee bezig is en het is voor haar bescherming dat ik er niks mee doe. Jeany bedankte mij. Ik zei toen dat haar beslissing om niet uit te logeren, voor mij dé manier is, hoe zij om bescherming vraagt. Jeany is de hele dag thuis gebleven met haar kinderen.

In de avond rond 21.00u kwam Jeany naar mij toe en zei dat de vriend haar aan het dwingen was om mee te gaan en dat zij heeft gezegd dat het niet van mij mocht. Hij zou naar het gezinshuis komen. Ik belde de buurtregisseur en wachtte op zijn komst. Rond 22.00u belde de vriend aan. Roeland, mijn man, deed open. Hij vroeg om mij. Roeland vroeg wie hij is. Hij zei dat hij de vriend van Jeany was. Roeland riep mij en bleef bij de deur staan. Hij vroeg of hij mij kon spreken. Ik nodigde hem uit om binnen te komen. Hij wilde niet en zei dat het niet lang was en dat hij bij de deur kon blijven. Maar hij wilde mij onder 4 ogen spreken. Roeland zei meteen tegen hem dat hij mijn man is en als hij weg moet dat het gesprek niet door kan gaan, want dan ga ik ook naar binnen. Het is niet netjes, dat hij gevraagd wordt binnen te komen en hij dat niet wil, dat Roeland dan naar binnen zou moeten gaan zodat hij mij kan spreken. Hij werd toen boos en verhief zijn stem. Roeland zei tegen hem dat hij begreep dat hij boos was, maar dat als hij stem gaat verheffen hij de deur dicht zou doen en er geen gesprek gevoerd kon worden.

Hij liep, schreeuwend, weg van de deur. Ik belde tussentijds naar de politie. Hij kwam terug en bleef luid praten. Ik verzocht hem zachter te praten en melde dat ik de politie heb gebeld, omdat ik voor de veiligheid van mijn huis ga. Ook zei ik tegen hem dat ik hem niet kende en dat dit de tweede keer is dat hij mij zonder respect benadert. Als hij vriend van Jeany is, moet hij zich met Jeany bemoeien en niet met mijn regels. Hij begon weer te schreeuwen en begon te dreigen. Op dat moment kwam de politie aan rijden. Hij zag hen en liep weg. De politie ging hem achterna. Daarna kwamen zij terug naar ons terwijl de vriend op een afstand bleef staan. Na het gesprek met de politie waarin we ons verhaal hadden verteld, ging de politie naar hem terug en verzocht hem niet meer bij de deur te komen. Als hij dat toch doet, zullen wij aangifte doen. Hij is weggegaan en is nooit meer teruggekomen. Het bleek dat hij een bekende was van politie in drugszaken.

In diezelfde week ontstond er een conflict tussen Jeany en Karin. Karin verloor 1 paar dure laarzen van het merk Prada en zij was erachter gekomen dat het Jeany was die deze uit haar kamer had gepakt. Zonder dat ik het wist, hadden zij samen aangifte gedaan tegen een andere moeder in het huis. Het bleek dat Karin al 3 maanden geleden haar laarzen kwijt was, en dat Jeany haar het idee had gegeven om aangifte te doen tegen één van de andere moeders. En nu kreeg Karin te horen dat het Jeany was die de laarzen had gepakt en deze had verpand. Toen ik dit hoorde, liet ik Karin de aangifte intrekken en heb ik de buurtregisseur benaderd over deze situatie. Hij is naar de pand winkel gegaan en het bleek inderdaad dat Jeany laarzen verpand had en ook een laptop van het gezinshuis die zij in gebruik had voor school.

Jeany schaamde zich voor dit alles. De zorgaanbieder heeft dit overgenomen en Karin moest aangifte gaan doen. Doordat hun relatie vertroebeld raakte om samen onder één dak te kunnen blijven, besloot de zorgaanbieder dat Karin uit het gezinshuis ging. Zij kon doorstromen naar de volgende fase. Jeany bleef in het gezinshuis en moest vooral gaan werken aan haarzelf. Zij bood haar excuses aan en vertelde dat zij de spullen had verpand, omdat zij niet rond kon komen met haar weekgeld. Ook gaf zij aan dat zij schulden had bij andere mensen, die zij niet doorgegeven heeft aan haar financiële begeleidster. Deze schulden moest zij aflossen. Ik heb haar gevraagd hoe het staat met de vriend. Zij gaf aan dat zij geen contact meer had met hem.

Jeany heeft haar school weer opgepakt en de verzorging /opvoeding van de kinderen verliep ook goed. Het enige waar zij nog aan moest werken is een stabiel netwerk en haar zelfbeeld. Jeany moest therapie volgen voor alle trauma's die zij op was gelopen maar ze vermeed dit steeds. Voor het netwerk hebben we afgesproken dat de kinderen om de weekenden en om de week van woensdag op donderdag bij oma zullen logeren. Op deze manier zal moeder tijd hebben voor zichzelf en om haar therapie te volgen.

Het was begin december dat wij gestart waren met deze afspraken. Jeany deed haar best en hield zich er goed aan. Voor de feestdagen wilde Jeany's gaan logeren bij haar vader. Zij heeft afgesproken dat zij de kinderen niet alleen thuis zal laten en dat zij zal zorgen voor een gedegen oppas als zij weg moest. Jeany mocht tot 2 januari terugkeren naar het gezinshuis. Mocht er iets gebeuren, dan kon zij altijd eerder terug naar het gezinshuis. We zeggen altijd, het is je thuis, dus je bent altijd welkom. De dagen zijn voorbij gegaan, en we hebben niks gehoord van Jeany. Dus het ging goed.

Op 2 januari in de avond kwam Jeany niet terug en heeft zij niks van zich laten horen. Ik heb haar gebeld, zonder resultaat. De volgende dag heb ik de vader proberen te bereiken. Ook zonder resultaat. Aan de ambulante medewerker hebben wij doorgegeven dat Jeany niet terug was gekomen en dat wij niks van haar hebben gehoord. De ambulante begeleidster/zorgaanbieder zou verder gaan uitzoeken waar Jeany was. Door de gebeurtenissen voorheen met de vriend, had ik ook de buurtregisseur op de hoogte gesteld dat Jeany niet terug was en dat wij geen contact hebben.

Na 3 dagen kwamen wij te weten dat Jeany opgepakt was tijdens een politie-inval bij vrienden van haar. Het bleek dat zij op 1 januari bij vrienden was en dat er een politie-inval was. Zij is ook meegenomen en mocht op 3 januari naar huis. Zij is naar de vader van de kinderen gegaan en daar gebleven. Zij was haar telefoon kwijt en kon niemand contacten. De oma van de kinderen heeft mij gebeld om dit mee te delen verzocht mij haar niet te laten weten dat zij mij op de hoogte heeft gebracht. Jeany had ook een blauwe wang en zij vertelde de oma van de kinderen dat zij was gevallen en met haar gezicht tegen een rand was gekomen. Met de oma heb ik afgesproken dat zij aan Jeany mocht vertellen dat ik haar heb gebeld en dat zij Jeany zou vragen mij te bellen vanaf haar toestel. In de avond werd ik gebeld door Jeany. Ik vroeg haar hoe het met haar en de kinderen ging. Daarna had ik haar gevraagd waarom zij niets had laten weten. Ze zei dat zij haar telefoon kwijt was en geen telefoonnummer meer had. Ik zei dat ik daarom haar moeder gebeld had omdat ik wist dat de kinderen bij haar zouden zijn. Ze zei dat zij vergeten was dat oma het nummer had.

En toen vertelde ze dat zij de straat niet op wilde omdat zij haar gezicht tegen de hoek van een muur gestoten heeft en zij zich ervoor schaamde om zo over straat te lopen. Ik stelde voor dat zij nog 2 dagen bij oma mocht blijven en dat zij dan terug naar huis zou komen. Na die twee dagen kwam Jeany niet naar huis. Zij vertrok van oma's huis met de kinderen. Ik heb besloten haar niet meer te bellen en de zaak volledig terug te geven aan de zorgaanbieder. De gedragswetenschapper heeft besloten om Jeany een bericht te sturen, dat er melding gedaan zal worden omdat wij ons zorgen maken om de kinderen. Jeany moest zich binnen 2 dagen melden bij de gedragswetenschapper.

Jeany heeft besloten om mij te bellen en wilde mij vertellen wat er aan de hand was. Zij wilde terug naar het gezinshuis. Ik heb haar gezegd dat wij eerst een gesprek met de gedragswetenschapper zullen hebben en dat zij dan terug kon naar het gezinshuis. Het was weekend, dus heb ik de afspraak gemaakt voor maandag. Ik vroeg Jeany waar zij zou zijn. Ze zou bij haar vader zijn. Voor de zekerheid heb ik haar gezegd dat ik daar langs zou komen op vrijdagavond. Dat heb ik ook gedaan. Jeany was bij haar vader en ik durfde haar te confronteren met dat wat ik vermoedde. "Jeany, heb je weer contact met die vriend"? Ze ontkende dat. Ik vroeg daarna of het een andere met hetzelfde doel was. Daarop antwoordde zij ook: "neen"! Toen zei ze, dat ik gerust mag zijn, omdat zij nergens naar toe zou gaan en dat er niks speelde. Ik ben weggegaan, maar had de zorgaanbieder op de hoogte gesteld van de situatie. Ik vermoed dat dit meisje verzeild zat in loverboy of drugs.

Maandag kwam Jeany toch niet naar huis, maar heb ik wel bericht ontvangen dat zij weer vast zat en de kinderen bij een tante waren. Het bleek dat zij werd vervolgd wegens een drugszaak. De politie had haar opgepakt, samen met degene die gezocht werd. De kinderen waren niet bij haar. Dat was de laatste kans van Jeany in het gezinshuis. Jeany werd vrijgelaten, maar zij kon bij haar vader verblijven en de kinderen werden na de uithuisplaatsing bij die tante ondergebracht.

Het bleek dat Jeany weer zwanger was en dat er weldegelijk sprake was van loverboy en drugs. Zij werd in het buitenland in veiligheid gebracht en de kinderen gingen naar oma. Oma had nog contact met mij onderhouden en via haar wist ik dat het goed was gekomen met de kinderen en dat Jeany in het buitenland ook goed onder begeleiding was. Het belangrijkste was, dat de twee kinderen goed en veilig ondergebracht zijn, ergens waar zij gelukkig waren.

Het verblijf in het gezinshuis verloopt niet altijd met succes naar zelfstandigheid en het krijgen van een eigen woning. Maar soms is het einde ook dat een kind veilig is binnen het netwerk van moeder en zij mede-opvoeder kan zijn.

HOOFDSTUK 6

Setty

Mijn naam is Setty en ik ben 21 jaar oud. Ik heb een zoontje van 5 jaar oud. Ik ben in het gezinshuis terechtgekomen door mijn oude begeleider Krista van Cura XL. In het verleden had ik hulp van verschillende instanties omdat het thuis in die tijd niet goed ging en omdat mijn moeder en ik niet de voogdij hadden over Jayden, mijn zoon. Mijn moeder en ik kregen vaak ruzie en het ging ook niet goed op school. In korte tijd werd ik van verschillende scholen weggestuurd en op 15 jarige leeftijd raakte ik zwanger van Jayden. Ik wilde geen hulp van andere instanties vanwege slechte ervaringen in het verleden. Met Krista van Cura XL had ik echter een goede band, omdat zij mij op de juiste manier hielp als er problemen thuis waren of als ik ergens niet uitkwam.

Naarmate Jayden opgroeide, begon ik vaker ruzie te krijgen met mijn moeder, omdat zij de keuzes wilde maken over Jayden. Vanwege onze thuissituatie konden mijn moeder en ik geen van beiden voogd voor Jayden zijn. De voogdij lag bij Willem Schrikker, Jeugdbescherming. En al zeg ik het zelf, als ik terugkijk was ik geen verantwoordelijke moeder voor mijn kind. Toen Jayden 2 jaar oud was, ben ik tot het besluit gekomen dat het niet langer zo door kon gaan; ik wilde niet dat Jayden opgroeide in een omgeving waar mijn moeder en ik de hele dag ruzie hadden en naar elkaar schreeuwen. Daarnaast wilde ik zelf verantwoordelijker worden voor Jayden en zelf ook groeien als persoon.

Krista is toen voor mij gaan kijken of ik begeleid kon gaan wonen en zo zijn we terechtgekomen bij Altra jonge moeders. Krista en ik zijn op gesprek geweest bij Altra jonge moeders. Daar heb ik mijn thuissituatie uitgelegd en zo is Altra tot het besluit gekomen dat ik in het gezinshuis mocht en niet in een eigen woning. Omdat ik er eigenlijk zelf niet klaar voor was om met Jayden alleen te wonen, was ik heel blij met deze keuze. Ik had iemand nodig die mij advies kon geven bij het opvoeden van Jayden en daarnaast wou ik heel graag verantwoordelijk worden, door te leren koken en de zorg voor hem op me te kunnen nemen.

Na het besluit zijn Krista en ik bij Xiomara in het gezinshuis op gesprek geweest. Zij heeft mij uitgelegd hoe alles in elkaar zit en ook de regels van het gezinshuis aan mij bekend gemaakt. Omdat Xiomara mijn thuis begeleider werd en ik ook een ambulante begeleider en een financiële begeleider kreeg vanuit ALTRA voor het gehele traject, moest ik afscheid nemen van Krista. Daar ben ik mee akkoord gegaan en de week daarop ben ik verhuisd naar het gezinshuis. Dat was in april 2021. De doelen waaraan ik wilde werken heb ik uitgebreid met Xiomara besproken en samen hebben wij een plan gemaakt. Destijds studeerde ik op niveau 2 sport, maar ik merkte dat ik de opleiding niet leuk vond. Naast mijn opleiding had ik ook een bijbaantje bij de Action.

Toen ik in het gezinshuis ging wonen, was ik zeventien jaar oud en wist ik niet hoe ik voor Jayden moest zorgen en hoe ik zijn gedrag moest corrigeren. Daarvoor heb ik Xiomara om hulp gevraagd en zij adviseerde mij hoe ik het best kon omgaan met bepaalde situaties en legde dat ook duidelijk uit. In het gezinshuis heb ik ook het koken kunnen oppakken, want voordat ik bij Xiomara kwam wonen kon ik dat niet. Het was een van mijn doelen om in het gezinshuis aan te werken. Samen met mijn financiële begeleider ben ik aan tafel gegaan en een plan gemaakt over mijn geldbesteding. Er waren openstaande rekeningen die betaald moesten worden, mijn creditcard moest worden opgezegd en daarnaast wilde ik ook beginnen met sparen. Zo gezegd, zo gedaan. Het is mij uiteindelijk gelukt, ook met het sparen.

Vóór het gezinshuis was ik niet bekend met een huiselijke sfeer. Ik woonde met mijn moeder en een zus en ik heb nooit een mannenfiguur in huis ervaren. Ik weet niet wat een man in huis betekent. De enige manier hoe ik in contact kwam met een mannelijke figuur, was door contact met jongens op school en met vrienden. In het gezinshuis heb ik Roeland en Xiomara samen gezien als een echtpaar en hoe ze met elkaar omgaan. Ik bewonderde hoe Roeland Xiomara behandelde, hij was er altijd voor haar en ze deden alles samen. Ik zei tegen Roeland dat ik een man zoals hem wilde. Dat was de opening voor een gesprek met Roeland over mijn omgang met jongens. Hij zei tegen mij, dat ik geen man als hem zou vinden tussen het type jongens waarmee ik omging. Ik vroeg hoezo niet? Roeland gaf aan dat hij zich zorgen maakte over het soort jongens met wie ik omging en de manier waarop dat ging. Hij zei dat Xiomara het er met mij over moest hebben hoe je vrienden kunt zoeken, wie je vrienden zijn en hoe je jezelf moet waarderen. Hij zei, "zoals je jezelf presenteert, zo word je ook behandeld door jongens". Hij zei ook dat ik een mooi meisje ben en dat ik niet zo ruw met jongens moest omgaan. Nadat ik uitleg kreeg door Xiomara en Roeland over mijn eigenwaarde, over het omgaan met jongen en hoe vriendschap te maken, heb ik mijn vriendengroep aangepast.

Ik had verschillende vrienden die hun school niet serieus namen en op scooters rondreden. Als ik ergens naartoe moest, werd ik door hen thuis opgehaald. Dan ging ik 's morgens uit huis met mijn zoon en kwam pas laat in de middag terug naar huis. Xiomara heeft mij geleerd een dag-structuur op te bouwen en mijn dag beter te benutten. Dat zorgde ervoor dat ik begon te kijken wat voor opleiding ik zou willen doen en wat ik als hobby zou nemen om ook hier tijd aan te besteden.

Tijdens een gesprek met Xiomara vertelde zij mij, dat één van de redenen voor mijn gedrag tegenover jongens kwam doordat ik geen vaderfiguur in mijn leven had. Pas 3 jaar geleden ben ik erachter gekomen wie mijn vader is en dat hij in Curaçao woont. Ik had hem nog nooit gezien. Xiomara vroeg of ik hem zou willen ontmoeten en wat het voor mij zou betekenen. Ik moest erkennen dat ik heel trots ben dat mijn vader van Curaçao is, omdat ik zelf altijd het gevoel heb gehad dat ik van Curaçao ben. Dus wilde ik graag naar Curaçao om hem te ontmoeten. Xiomara legde uit dat het goed is voor een mens om te weten waar hij vandaan komt, te weten van wie je afstamt. Het is het begin van je identiteit.

Xiomara gaf aan dat ze, als ik dat wil, mijn vader zal contacteren om te kijken hoe hij erover denkt mij te ontmoeten. Ik kon niet wachten en heb mijn vader meteen via WhatsApp gebeld zodra dat kon. Ik bel hem niet vaak, omdat hij niet zo goed is in het Nederlands en ik helemaal geen Papiamento spreek. Xiomara heeft mijn vader gesproken en uitleg gegeven over mijn situatie. Mijn vader was blij om van iemand van Curaçao te horen hoe het met zijn dochter ging. Hij wilde mij graag ontmoeten samen met mijn zoon, maar hij kon niet naar Nederland reizen. Hij zei dat als Xiomara met ons naar Curaçao kan komen hij zal bijdragen aan het ticket. Xiomara had met hem afgesproken dat wanneer zij op Curaçao is, zij hem eerst wil ontmoeten en dat zij dan een plan zal maken over mijn ontmoeting met mijn vader.

Ik was zo blij dat ik me meteen begon voor te bereiden. Mijn zoon en ik moesten een paspoort laten maken. En omdat mijn zoon een voogd had, moest Xiomara samen met de begeleidster van ALTRA toestemming vragen dat mijn zoon mee mocht. In december 2021 gingen wij naar Curaçao. Het begin van een nieuw leven voor mij. Ik rende als een klein kind in zijn armen toen ik daar aankwam en hem herkende. Mijn zoon en ik konden bij hem logeren en Xiomara was de verantwoordelijke persoon voor onze vakantie en ik kon altijd bij haar terecht.

Nadat ik terugkwam uit Curaçao, ben ik harder aan mijn doelen gaan werken in het gezinshuis. Ik wilde een verantwoordelijke moeder zijn voor Jayden. Eigenlijk leken wij eerst meer zus en broertje. Ik wilde leren mijn gezag/autoriteit in te nemen en daarom volgde ik de instructies die Xiomara en mijn ambulante begeleider mij gaven. Al snel verdiende ik van mijn zoon het respect als moeder.

Ook wilde ik verder sparen om mijn rijbewijs te halen. Ik had Xiomara verteld dat ik een opleiding wou doen op Schiphol in de beveiliging. Zij moedigde me aan om het te proberen, om te kijken of ik het leuk zou vinden. Ik ben toen gestopt met mijn sportopleiding en heb de keuze gemaakt om de opleiding als beveiliger te gaan doen.

Omdat ik al enige tijd in het gezinshuis woonde en mijn traject succesvol verliep, wilde ik de voogdij terugvragen bij de rechtbank en heb dat bespreekbaar gemaakt met mijn advocaat. Xiomara moest toen een verslag schrijven voor de rechtbank. Dankzij de hulp van Xiomara was ik zelfstandiger geworden en kon ik de voogdij aanvragen. In november 2022 kreeg ik de voogdij van Jayden.

Nadat ik terug ben gekomen van Curaçao, heeft Xiomara mij geadviseerd om nu ook aan de relatie tussen mij en mijn moeder te werken. Er was vaak conflict tussen mijn moeder en mij en daardoor had ik bijna geen contact meer met haar. Het enige contact met mijn moeder was als mijn zoon naar haar toe moest. Wij hadden geen gezonde band/relatie, maar ik wilde dat wel heel graag en we begonnen met gespreksmomenten. Beetje bij beetje leerde ik mijn moeder te begrijpen. Mijn zoon ging vaker naar mijn moeder toe en zij werd zijn oppas. Dat was fijn, omdat ik inmiddels gestart was met het traject om als beveiliger te werken in opleiding op Schiphol.

Tijdens het begin van mijn opleiding werd mijn moeder opeens ziek. Met de trieste mededeling dat zij niet lang te leven had. Hoe ga ik dat nu doen met mijn opleiding? Ik moest onregelmatig werken en ik heb verder in mijn netwerk niemand die op mijn kind kon passen. Xiomara heeft mij erop gewezen dat ik moest bedenken dat ik wel iemand nodig heb om op te passen wanneer ik dit werk wil gaan doen. Bijna moest ik mijn droom laten gaan. Maar ik bleef mijn opleiding volgen en Xiomara bood toen aan om 2 dagen in de week op Jayden te passen, zodat ik kon werken aan mijn opleiding.

Mijn moeder ging de laatste fase in en Jayden verbleef af en toe bij Xiomara, zodat ik wat meer tijd had samen met mijn moeder. Mijn moeder is helaas op de eerste kerstdag van 2022 overleden. Voordat zij stierf zei ze tegen mij dat ze heel trots op mij was hoe ik was gegroeid als persoon in het gezinshuis.

Xiomara had tegen mijn moeder gezegd dat zij er voor mij en Jayden zou zijn als een tweede moeder en daar heeft zij zich ook aangehouden. Mijn dankbaarheid aan haar is groot, zeker voor de steun die ik na het overlijden van mijn moeder heb gehad.

Daarnaast had ik het ook zwaar omdat ik mijn opleiding moest afmaken. In februari 2023 ben ik verhuisd naar mijn HAT-woning, omdat ik er eindelijk klaar voor was om een stap verder te gaan met Jayden. Een HAT-woning is een woning die ik samen met iemand moest delen. Vanaf februari 2023 woonde ik in een HAT-woning en tegen het einde van dat jaar heb ik de sleutel voor mijn eigen woning ontvangen. Ik hou nog steeds contact met Xiomara, ook al woon ik niet meer in het gezinshuis. Jayden verblijft nog steeds 2 dagen in de week bij Xiomara zodat ik kan gaan werken.

Er zijn veel momenten geweest dat ik het wilde opgeven, maar ik mag met trots zeggen dat ik in november 2023 mijn opleiding heb gehaald. Daarnaast helpt Xiomara mij ook met de vader van Jayden, omdat ons contact niet goed verloopt en ik het wel belangrijk vind dat Jayden een vader in zijn leven heeft. Jaydens vader houdt gelukkig ook contact met Xiomara ondanks dat hij niet van hulpinstanties houdt.

Doordat ik in het gezinshuis woonde heb ik al mijn doelen kunnen behalen. Sparen, koken, huishouden, de voogdij krijgen, mijn vader ontmoeten, relaties met mijn moeder herstellen, mijn schooldiploma kunnen behalen en het belangrijkste: groeien als persoon en een verantwoordelijke moeder zijn voor mijn kind. Ik heb nog steeds iedere dag contact met Xiomara en maak het altijd bespreekbaar als ik ergens niet uitkom. Dan helpt zij mij altijd met goed advies. Ik zie haar meer als familie dan als een begeleider en voel me altijd welkom bij haar.

HOOFDSTUK 7

Axelia

Doordat ik aan de linkerkant Erbse Parese heb, kwam ik bij Huize Kalor. Dat houdt in dat mijn linkerarm en hand eigenlijk niet of nauwelijks kunnen werken. Ik was bang dat ik door deze beperking helemaal geen moeder kon zijn en dat ik Aäron, mijn zoon, nooit zou kunnen optillen.

Ondanks dat ik in het gezinshuis woonde, ging ik nog steeds naar mijn ouderlijk huis en nam ik daar de rol van huismoeder over. Ik deed de boodschappen voor mijn moeder en bepaalde heel veel in mijn ouderlijk huis. Daarom had ik geen tijd en inzicht om naar mijzelf te kijken met mijn zoontje en een eigen gezin te vormen.

In het gezinshuis heb ik geleerd om een structuur in mijn leven op te bouwen. Ik heb bijvoorbeeld geleerd dat ik niet elke dag de was hoef te doen. Nu heb ik nog maar een dag per week dat ik de was doe en dat geeft echt rust. Bij het halen van boodschappen kocht ik veel meer dan nodig was voor mij en Aaron. Ik heb geleerd dat ik een boodschappenlijstje moest maken. Langzamerhand liet ik het ouderlijke huis los en begon ik met mijn nieuwe leven.

Ondanks de "Erbse Parese" moest ik leren om mijn kind te dragen en hem te verzorgen. Tot mijn eigen verbazing heb ik geleerd dat een kind (zelfs een klein kindje) ook een dagstructuur nodig heeft. Vaste momenten van eten, slapen en spelen. Hij moest wennen aan zijn eigen bedje te slapen en niet naast mij op het bed.

Wat ik fijn vond is dat ook werd verteld met welke reden ik bepaalde adviezen kreeg. Als het kindje naast mij op bed ligt, kan ik in mijn slaap over hem heen draaien met alle gevolgen van dien. Dus het heeft niet alleen met structuur, maar ook met de veiligheid en mijn rust te maken. 's Avonds moet ik ook kunnen uitrusten en dat gaat moeilijk met het kind naast mij.

Toen ik nog thuis woonde met mijn ouders, had ik een relatie met Aäron's biologische vader. In die tijd mishandelde hij mij. Hij heeft zelfs een keer geprobeerd om Aaron uit mijn buik te trappen. Hij dreigde ermee dat als Aäron geboren zou worden, hij hem zou ontvoeren en naar Joegoslavië zou brengen. Ik zou hem dan niet meer zien. Dat bracht mij tot het besluit om te kiezen voor ons welzijn en veiligheid en te accepteren dat hij uit ons leven moest.

Eenmaal in het gezinshuis werd aan de vader de mogelijkheid geboden om Aaron hetzij thuis te bezoeken of elders onder begeleiding, maar dat is niet door hem aanvaard. Door deze reactie begreep ik dat hij zijn wil probeerde op te leggen. Ook reageerde hij zeer agressief tegenover mij. Dat was dan ook de druppel die de emmer deed overlopen. Het was nodig om hem uit ons leven te bannen. Hij liet het daar ook bij en deed verder niet meer moeilijk.

Door deze nare ervaring bedacht ik dat ik in principe geen man in mijn leven nodig heb. Van Xiomara kreeg ik mee dat als je met de verkeerde man een kind krijgt, het oké is als je hem opvoedt met de juiste man. Als moeder en vrouw verdien je het om ook geliefd te worden. Moeder worden betekent niet dat je de deur voor een andere levenspartner moet sluiten. Dit waren voor mij levenslessen die ik met beide handen vastgreep. Inmiddels heb ik een andere man leren kennen die mijn levenspartner is geworden.

Mijn dagbesteding heb ik weer opgepakt. Ik werkte bij een kinderopvang en dat wilde ik weer heel graag doen. Ik heb gesolliciteerd en heb nu een baan waar ook mijn zoon terecht kan. Het loslaten van mijn zoon was ook geen makkelijke taak. Maar mede door de woorden van Xiomara, geef ik mijn zoon nu alle ruimte en heb ik geen zwaar emotioneel moment als ik mijn zoontje even naar de oppas moet brengen.
Het is mij gelukt om te werken en tegelijkertijd ook moeder en huisvrouw te zijn.

Nog steeds heb ik contact met de gezinshuisouders. Door drukte was er even geen contact, maar het was zoals Xiomara dat zelf mooi zegt: "uit het oog maar nooit uit het hart", Wij kunnen elkaar altijd contacten, wat er ook gebeurt.

Ik heb een tweede kind, een dochter gekregen. Sinds haar geboorte ben ik nog op extreem lang verlof omdat ik postnatale depressie kreeg. Het gaat nu een stuk beter met mij qua gezondheid, dus ik ga weer aan het werk in de kinderopvang.

Verder heb ik nog thuis cursussen gedaan en ben ik altijd blijven leren. Dat is ook iets dat ik bij Huize

Kalor opmerkte, dat Xiomara ondanks haar leeftijd en alles wat zij te doen heeft, toch is blijven studeren. Ik wil dat ook gaan doen als mijn kinderen naar de basisschool gaan. Dan wil ik ook verder studeren aan de HVA.

De doelen die we samen gesteld hadden heb ik met voldoende bereikt en ik mocht doorstromen naar het vervolgtraject. De mogelijkheid was er om dat samen met mijn partner te doen. Het was voor mij vooral heel lastig om mijn huidige partner niet als bedreiging voor de band tussen mij en mijn zoon te zien, maar juist als een liefdevol en waardevol onderdeel van ons gezin.

Wij hebben samen een dochter gekregen zoals ik al zei en veel van hetgeen ik in het gezinshuis heb geleerd, heb ik ook bij haar toegepast. Bijvoorbeeld door haar niet de hele dag op te tillen en een structuur te geven. Samen groeien wij als gezin door en hebben wij een hechte band met elkaar. Beide kinderen zijn gezond en ontwikkelen zich goed. De oudste is nu 2 jaar en de jongste 7 maanden.

HOOFDSTUK 8

Neika

O p dit moment ben ik 28 jaar oud en ik heb een dochtertje van 8 jaar. Wij zijn beiden op Curaçao geboren. Ik ben opgegroeid in een gebroken familie met heel veel problemen en waar altijd ruzie werd gemaakt. Er werd ook veel gevochten. Zelfs als kind wilde ik zo'n leven niet aanvaarden. Mijn verlangen was om in een gezonde, normale familie te kunnen wonen. Als ik verdrietig was klom ik in een boom en probeerde op die manier in contact te komen met God. In mijn leven ben ik heel vaak verhuisd, zeker zo'n 30 keer. Ik werd heel veel mishandeld en afgewezen.

Er was een vrouw op Curaçao die haar eigen onderneming had, "Bos di Hubentut". Ik zag haar op de televisie en wist dat zij kinderen hielp en ook ongetrouwde alleenstaande moeders. Ik zocht haar op en dit leidde ertoe dat ik op een gegeven moment bij die mevrouw van "Bos di Hubentut" ging inwonen. Normaal gesproken neemt zij geen moeders bij haar thuis, maar voor mij heeft ze een uitzondering gemaakt. Ik mocht 6 maanden bij haar verblijven. Ze zag in mij dat ik altijd al aan het vechten was voor een beter bestaan. Zij heeft mij aangeboden om mij te helpen om naar Nederland te gaan voor een betere toekomst voor mij en mijn kind.

Ik wilde niet bij een familie komen wonen maar in een instelling of ergens waar ik begeleid kon worden. Via deze mevrouw ben ik in contact gekomen met tante Xiomara van het gezinshuis Huize Kalor. Toevallig was Tante Xiomara op Curaçao en hebben wij alle afspraken kunnen maken en meteen alles kunnen regelen voor onze komst in Nederland.Tijdens onze eerste ontmoeting heb ik haar mijn levensverhaal verteld en ook bijzonderheden over mij en mijn kind. Ik was blij dat ik kennis kon maken met Xiomara voordat ik naar Nederland verhuisde. De mevrouw van "Bos di Hubentut" heeft mij geholpen met koffers en alles wat ik nodig had om naar Nederland af te reizen. Een medewerker van Xiomara kwam ons op Schiphol ophalen en zo begon mijn leven in het gezinshuis.

Het Nederlands was ik nog niet machtig, maar ik werd op een hele goede manier begeleid. Iets dat mij heel veel geholpen heeft, is dat zij Nederlands tot mij spraken en ook de jonge moeders die daar woonden, spraken Nederlands met mij. Ik wist niet hoe ik de metro en ander openbaar vervoer moest nemen. Ik leerde alles in het gezinshuis. Het lijken kleine dingen, maar heel belangrijk voor mij. Ik moest de weg leren om mijn kind naar school te brengen en ook hoe ik zelf op school kwam.
Xiomara nam tijd om met mij te zitten en heeft mij geleerd om een boodschappenlijst te maken, zodat ik boodschappen kon halen. Ook de wettelijke zaken,

zoals de belastingen in te vullen, heeft zij mij geleerd. Dat vond ik heel fijn, want de bedoeling is om het later zelf te kunnen doen.

Er waren zowel goede als minder goede momenten die ik in het gezinshuis heb beleefd. Doordat ik in mijn leven alleen een gebroken familie heb gekend, waren er momenten waarop ik niet lekker in mijn vel zat. Dan kon het zo zijn dat ik op een verkeerde wijze reageerde naar Xiomara en Roeland. Ik besefte dat ik heel veel trauma's had die ik moest verwerken. Xiomara heeft vaak geprobeerd die met mij op te pakken, maar ik stond er niet voor open. Ik dacht vaak dat het probleem niet bij mij zat.

Gedurende die minder goede momenten, bleef Xiomara altijd professioneel handelen. Ze bleef zowel mij als mijn dochter begeleiden, ondanks alles. Toen wij naar Nederland verhuisden had mijn kind geen structuur. Ik kreeg de nodige handvatten om mijn kind daarbij te helpen. Mijn kind had onregelmatige slaaptijden en dat was heel slecht. Ik ben blij dat Xiomara mij ook daarin heeft begeleid, en ook om consequent te zijn in de structuur die ik mijn kind gaf. Zo heeft mijn kind ook geleerd dat als zij een snoep wil, zij eerst haar maaltijd moet opeten.

Samenleven met anderen was ook iets dat ik moest leren. Door mijn verleden vertrouwde ik niemand. Dus dat maakt dat ik vaak botste met de andere moeders in het gezinshuis. Ik moest leren dat een ander mij ook kon corrigeren. Daar werd ik boos om en vond dat niemand zich met mij moest bemoeien. Hierdoor botste ik vaak met de andere moeders. Ook mijn kind mocht door niemand aangesproken worden. Xiomara leerde mij dat er nooit genoeg ogen zijn om een kind in de gaten te houden en dat het fijn is wanneer ook anderen in het huis mij kunnen helpen met het disciplineren van mijn kind. Ik moet zeggen dat ik een verwend kind had die vaak haar zin kreeg, omdat ik niet had geleerd haar te begrenzen.

Mijn school heb ik weer opgepakt, want ik wilde de kraamzorg in. Ik begon met een niveau 1 opleiding, omdat ik ook de Nederlandse taal verder moest leren. Op school ging het ook goed omdat ik vanuit het gezinshuis hulp kreeg. Na het eerste jaar ben ik doorgegaan met niveau 2 verzorging.

Bij binnenkomst had ik een contract van 1 jaar. Alhoewel Xiomara mij nooit gesproken had over het moeten verlaten van het gezinshuis, werkte ik wel eraan om aan het einde van het jaar mijn eigen plek te hebben. Dit had weer te maken met het feit dat ik niet zozeer geconcentreerd was op het verbeteren van mijn leven, maar met het op mijzelf wonen met mijn kind. Toen het contract bijna afliep sprak ik een oude leraar van mij en die heeft mij geholpen aan een andere woonplek.

Op deze manier kwam er een einde aan mijn verblijf in het gezinshuis. Ik verhuisde naar een ander traject, waar ik opnieuw een huis deelde met een andere moeder. Het was weer een traject. Daarin was beter dat ik met minder mensen woonde, maar de begeleiding was minder goed. Ik bleef in contact met Xiomara, die ik steeds terug kon bellen wanneer ik in de knel zat. Mijn traject bij de andere instelling duurde 4 jaar. Xiomara bleef mij trouw, ook al was ik bij haar weg

Ik ben heel dankbaar dat ik deze gelegenheid heb gehad en tot vandaag de dag hou ik nog contact met Xio. Ik bel haar vaak en zij helpt mij nog steeds met advies en als het nodig is komt zij helemaal naar waar ik zit. Dus ik onderhoud nog steeds een goede band met Xio. Als ik een jonge moeder kan adviseren om in Huize Kalor te verblijven zal ik dat zeker doen. Xio is een vrouw van God met heel veel ervaring. Zij heeft veel meegemaakt in haar leven en is daarom ook capabel om jongeren te helpen. Mede door de passie die zij voor het werk heeft. Voor mij is Xio top!

HOOFDSTUK 9

Danique

Zowel de Nederlandse cultuur als de taal waren voor mij onbekend, omdat ik uit Ecuador kom. Dus had ik veel te leren. Ik volgde een inburgeringstraject, wat betekende dat ik ook Nederlands moest leren. Door die les kon ik mij verstaanbaar maken en zo durfde ik ook te communiceren.

Ik was twee jaar in Nederland, toen ik wegens conflict met mijn ouders uit huis moest met mijn zoontje van 2 jaar. Op een gegeven moment belandde ik bij een instantie "Veilig Thuis", die mij aanmeldde voor begeleiding en opvang. De reden dat ik bij deze instantie kwam, komt later in mijn verhaal terug. Voor de begeleiding en opvang kwam ik uiteindelijk terecht bij Huize Kalor. Doordat Xiomara mij bij mijn aankomst in het Spaans mijn moedertaal toesprak, voelde ik me meteen welkom en veilig. Ook kon ik mezelf uiten en mijn nood beter uitleggen. Ik wilde een veilige plek waar mijn kind en ik, ons konden ontwikkelen.

Door een strenge en dominante opvoeding in het huis waar ik opgroeide, voelde ik me opgesloten, alsof ik geen lucht had. In Nederland aangekomen ervoer ik vrijheid; ik had meer mogelijkheid om uit huis te zijn en ik zag dat de jongeren vrijer waren. Al heel snel sloot ik me aan bij de leefstijl van mijn vriendinnen en werd ik thuis rebels. Ik werd ongehoorzaam en gaf mijn ouders en vooral mijn vader een grote mond. Als straf mocht ik nergens anders naartoe dan alleen naar school. Aangezien ik alleen naar school mocht, maakte ik van de gelegenheid gebruik om na schooltijd met mijn vriendinnen te gaan stappen.

Terugkomend op Huize Kalor, daar voelde ik me echt thuis. Ik kon altijd aangeven wat ik wilde, zolang ik me aan de huisregels hield. Ik kon bepalen wanneer en waar ik naartoe ging en ik hoefde niet op toestemming te wachten. Tot aan het moment dat wij naar het gezinshuis kwamen, had ik mijn kind niet echt zelf opgevoed. Ik wist dat ik moeder was omdat ik hem gebaard had, maar het waren mijn ouders die de opvoeders waren. Als opa en oma zijnde, werd mijn zoon verwend in plaats van opgevoed.

In Huize Kalor werd ik me bewust dat ik moeder was. Toen kwam ik erachter dat de vrijheid waar ik blij mee was, toch beperkt was. Stappen kon niet zomaar omdat ik rekening moest houden met mijn kind. De relatie met mijn ouders was verbroken, waardoor ik geen oppas meer had. In het gezinshuis was het nodig om te werken aan een netwerk en niet de andere moeders als oppassers te gebruiken.

Dat was één van de doelen waar ik aan moest werken. Zoetjesaan werd het voor mij duidelijk dat ik veel te leren had in plaats van alleen te kijken naar mijn vrijheid.

Eén van de eerste dingen die ik in het gezinshuis heb geleerd, was het kennen van mijn eigenwaarde. Doordat ik thuis een dominante opvoeding heb gehad en geen ruimte voor inspraak of ruimte om me te ontwikkelen, heb ik niet geleerd om op een goede manier assertief te zijn. Als ik voor mezelf opkwam, liep het altijd uit op een conflict. Ik ging om met vriendinnen en koos ervoor om datgene te doen wat niet mocht, omdat ik erbij wilde horen. Het gaf me waarde om tot een groep te behoren. Ik had het gevoel dat mensen mij accepteerden.

Bij Xiomara heb ik geleerd dat anderen me zullen behandelen op de manier waarop ik mezelf voordoe. Tijdens onze gesprekken vroeg zij aan mij om te benoemen welke kenmerken/eigenschappen ik wilde hebben of al bezat. Wat ik als eerste noemde was hetgeen zij heeft. Ik vind dat zij een krachtige vrouw is, omdat zij haar grenzen goed kan aangeven en de ander kan laten weten wat zij wil. Zij is geen meeloper.

Het voelde heel fijn dat zij mij begreep en wilde helpen om mijn ideeën op een rij te zetten. Als zij iets van mij vroeg, kon ik aangeven of mijn idee wel of niet klopte. Ik mocht niet zomaar aannemen wat Xiomara zegt of vraagt. Ik kon mezelf zijn en me uiten hoe ik het aanvoelde. Zij nam het niet persoonlijk, maar corrigeerde mij met uitleg. Zo heb ik geleerd om voor mezelf op te komen en niet alles van een ander aan te nemen. Ik heb geleerd dat ik niet met anderen hoef mee te lopen en zomaar dingen moet doen om geaccepteerd te worden. Door deze oefeningen heb ik begrepen hoe ik me als vrouw/dame moet gedragen. Dat mijn lichaam niet als "speelgoed" moet dienen bij mannen, hoe en welke vrienden ik moet maken en uiteindelijk hoe ik een goede vriend/ man kan kiezen.

Mijn ouders heb ik kunnen vergeven, omdat ik kon inzien waarom zij mij streng hebben opgevoed. De manier waarop was misschien niet goed, maar de intentie was niet verkeerd. Ik heb kunnen werken aan de relatie met mijn ouders. Ik heb geleerd hoe een moeder te zijn voor mijn kind. Onze relatie was in het begin meer die van een zus en een broertje, omdat zijn opvoeding bij mijn ouders lag. Hij moest gaan leren dat ik het gezag had en dat ik de regels bepaalde en niet mijn ouders. Hij moest mijn ouders gaan zien als opa en oma. Maar dat betekende wel dat ik mijn plek als moeder moest innemen door zijn ontwikkeling te volgen, grenzen aan te geven, hem discipline aan te leren en tijd samen door te brengen met leuke momenten. Dit alles is ook heel belangrijk. Het was niet altijd even makkelijk om van iemand die voor zichzelf leefde om te schakelen naar een moeder die een structuur moest leren. Een structuur waarin zij tijd moest maken voor zichzelf en voor haar zoon.

Doordat wij inwonend waren, ging de begeleiding voor wat betreft hoe om te gaan met mijn zoon vrij snel. Xiomara is erg consequent, zij ziet alles en is er altijd paraat om in te grijpen, tips te geven en vooral een voorbeeld te zijn. Het voorbeeld zijn, heeft mij erg geholpen bij het leren. Ik leer van het zien. Dus was het voor wat betreft de opvoedingsvaardigheden fijn dat ik in het gezinshuis zat. Consequent zijn was voor mij moeilijk. Daardoor bleef mijn zoon mij zien als een oudere zus. Ik vond dat hij mij niet respecteerde, want als Xiomara iets verbood dan luisterde hij meteen. Maar als ik hetzelfde zou verbieden, deed hij het toch, alsof ik er niet bij was. Zulke momenten liet Xiomara mij zien dat ik het zelf in de handen had om ervoor te zorgen dat er verandering kon komen. Mijn kind nam mij niet serieus omdat ik niet optrad als hij mij negeerde. Ik zag zijn gedrag maar zei niks. Of dat ik hem eerst een nee gaf en nadat hij twee keer gevraagd had, mijn nee een ja werd.

Een ander probleem was dat ik discussies aanging met mijn zoon. Als ik hem bijvoorbeeld een instructie gaf, weigerde hij en gaf hij een reden of wilde hij deze pas uitvoeren wanneer het hem goed uitkwam. Ik bleef op zulke momenten in discussie met hem tot ruzie aan toe en uiteindelijk volgde hij de instructie dan toch niet op. Omdat ik dan geen zin heb of doordat de tijd dringt, ga ik het zelf uitvoeren. Xiomara heeft een aantal keren naar onze conflicten zitten kijken en vroeg nadien: "Wie is de ouder? Waarom heb jij het niet zelf gedaan vanaf het begin? Hoeveel tijd heb je verspild om het daarna toch zelf te doen?" Het waren altijd vragen die mij als een spiegel dienden en mij in het hart raakten. Het maakte wel dat het voor mij duidelijk werd hoe ik handelde en wat het resultaat ervan was. Een resultaat wat ik niet wilde en zeker niet wenste.

Wat Xiomara mij als tip gaf, pakte ik op en maakte het me eigen. Ik zag en genoot van het feit dat mijn zoon mijn gezag meer en meer ging accepteren. Mijn zoon gedroeg zich op school ook net als thuis. Wanneer de juf hem aansprak, weigerde hij de taken te doen. Een gevoel van machteloosheid overviel mij omdat ik hem niet kon aanpakken. Maar sinds ik geleerd had van Xiomara hoe ik mijn gezag en autoriteit kan gebruiken op een positieve manier in plaats van schreeuwen en soms slaan, veranderde ook zijn gedrag op school. Het enige nadeel was, dat hij naar een school moest voor speciaal onderwijs, omdat hij een achterstand had in taal en leerstof.

Zoals ik al heb gezegd, was het omgaan met jongens ook problematisch omdat ik geen grenzen aan gaf. Gedurende de tijd dat ik in het gezinshuis verbleef, heb ik geleerd hoe om te gaan met vriendschap met jongens en hoe mijn vrienden te kiezen. Eerst ging ik vriendschappen aan om erbij te horen. Alles wat degenen wilden deed ik, als ik maar werd geaccepteerd en kon zeggen dat ik een vriend had.

Op een dag zei Xiomara tegen mij dat ik vrienden verwisselde alsof het onderbroeken waren. Ik werd boos en schold haar uit, omdat zij mij prostituee noemde. Xiomara gaf me op dat moment geen antwoord. Het enige wat ze zei was: "Sorry, zo bedoelde ik het niet."

Later ging ik naar haar toe en bood mijn excuses aan en vroeg haar wat het wel was dat zij mij wilde zeggen. Xiomara legde uit dat ik in één maand tijd vier verschillende vrienden had. En dat ik altijd zei dat ik verkering met ze had. Uiteindelijk leek het alsof ik elke dag een andere jongen tegenkwam en degene die ik leuk vond of dat ik degene die mij meer aandacht gaf mijn vriend noemde. Dat is hetzelfde als elke dag een schone onderbroek aan doen. Ik moest lachen en bood weer mijn excuses aan. Zo kreeg ik een hele training over wie ik mag zijn als vrouw, hoe waardevol ik ben als vrouw, hoe ik vrienden moet kiezen en hoe ik een partner moet kiezen. Na deze gesprekken verbrak ik het contact met alle "vrienden" die ik had. Ik begon mijn leven te leiden zoals ik geleerd had van Xiomara.

Een voorbeeld dat ik kan noemen, is dat het mij vroeger niet uitmaakte wat voor jongens op mij afkwamen. Het interesseerde me niet of hij naar school ging, uit welke familie hij kwam, wat hij deed gedurende de dag of zo. Als ik maar samen met hem kon zijn, wij samen deden wat hij deed en ik hem mijn vriend kon noemen. Nu weet ik dat ik eerst een vriendschap moet sluiten om erachter te komen met wie ik te maken heb. Ik droomde van huisje, boompje, beestje, dus kan ik onmogelijk een jongen aanhangen die niets doet in het leven, wil ik mijn droom kunnen bereiken. Door deze adviezen te volgen heb ik mijn vriend leren kennen waarmee ik een vaste relatie heb. Wij wonen nu samen en hebben een kind.

Ik heb nooit verteld wie de vader van mijn eerste kind is. Ik ben naar Nederland geëmigreerd toen mijn zoontje nog een baby was. Hij kende zijn biologische vader niet en ik wilde er nooit over spreken.

Mijn wens was om een man tegen te komen, die mijn kind als zijn eigen zoon zal aannemen en hem opvoedt. De man die ik vandaag heb, heeft dit gedaan. Hij heeft mijn zoon leren kennen toen hij twee jaar oud was. Xiomara heeft mij gerespecteerd in mijn wens en heeft mij alleen duidelijk gemaakt en laten beseffen, dat mijn zoon ooit de waarheid zal moeten weten. En daar hebben mijn vriend en ik ons op voorbereid. Wanneer de tijd aanbreekt, zullen wij het oppakken zoals wij het besproken hebben met Xiomara.

Vandaag de dag heb ik een goede relatie met mijn ouders. Ook dit heb ik te danken aan Xiomara. Het was geen makkelijke periode en traject, omdat ik heel veel boosheid had naar mijn vader toe. Xiomara heeft mij geleerd wat vergeving is en wat het zal doen met mijn leven en het leven van mijn kinderen. Ik wilde deze waarheid aanvankelijk niet aannemen. Dat had gevolgen voor het leven van mijn zoon. Hij vroeg continu naar oma maar kon niet naar hen toe. Op zijn verjaardag was het alsof hij niet gelukkig was omdat hij steeds bleef vragen naar oma, hoewel we mensen om ons heen hadden. Dit waren dingen waarvoor Xiomara mij had gewaarschuwd. Ik moest steeds een leugen vertellen. Zo wilde ik niet verder leven.

Uiteindelijk gaf ik aan te willen starten met het traject van vergeving en relatieherstel met mijn ouders. Ik ben blij dat ik dit heb gedaan. Er bestaat niemand die ik zo kan vertrouwen als mijn ouders. Doordat ik hen had, kon ik mijn school verder oppakken en zelfs een leerwerktraject gaan doen en hoefde ik niet te zoeken naar oppas. Zij staan altijd klaar voor ons, en fijner nog, zij houden zich aan regels en afspraken zoals wij het willen voor onze zoon. Dat zij oma en opa mogen zijn en hoe dit vorm krijgt, hebben wij samen geleerd van Xiomara. Tot heden ervaar ik de zegeningen van gehoorzaamheid vanuit het gezinshuis.

HOOFDSTUK 10

Miskraam

Elke moeder die bij Huize Kalor binnenkomt, wordt als een kind beschouwd. Lady K is binnengekomen en de manier waarop zij weg is gegaan voordat haar traject echte vorm kon krijgen, is vergelijkbaar met een miskraam.

Een miskraam brengt verdriet met zich mee. De ouders hebben zich verheugd op de komst van het kind. De moeder die haar eerste hartklopping al voelde, ondervindt twee pijnen, de miskraam en ook de lichamelijke pijn. De broers en zussen en overige gezin en familieleden ervaren de miskraam ook als een groot verlies. En hoe nu verder?

Wetenschappelijk is bewezen, dat na een miskraam het lichaam zich meestal binnen 6 weken herstelt. De moeder kan zich een tijdlang moe en lusteloos voelen.

Lieve Lady K, wetenschap kan wel zeggen dat het lichaam zich binnen die periode wel kan herstellen, maar het gaat niet alleen om het lichaam. De geest, de ziel, het hart heeft pijn en zal zeker meer tijd nodig hebben om te helen. Echter, helen is geen vergeten. Ik, wij zullen jou altijd in ons hart blijven dragen en getuigen van de mooie herinneringen die wij van jou hebben.

En ter gedachtenis voor jou zijn die ook in het boek bijgevoegd.

2 1/2 maand
Dat is niet lang
Dat zijn de maanden die jij bij ons woonde
Wat een verdriet
Wat een pijn
Wat een ongeloof
Wat een schok
Niet te bevatten
Zo onverwacht
Je kwam binnen met je pasgeboren baby
Een mooie bruine jongen met levendige ogen, maar een paar dagen oud
Wat was jij goed in koken, haren vlechten, klaarstaan voor anderen
Wat hield jij van je baby
Wat een liefde die jij voor hem toonde
Altijd in je armen geborgen
Je wilde zoveel
Je wilde leren leven met anderen
Je wilde leren hoe om te gaan in een relatie
Je wilde leren beter te communiceren
Je wilde leren hoe je kind op te voeden
Je wilde reizen, ander land kennen

Je wilde terug naar school
Je wilde terug naar het hart van aanbidding
Je wilde terug naar de relatie met God
Hij heeft jouw hartsverlangen gezien
Hij heeft jouw schreeuw gehoord
Hij heeft jouw gebeden verhoord
Nu ben je bij Hem
Zijn engelen zullen voor je kindje zorgen
Dag dame!

Note: Volgens het woordenboek is een miskraam: 'Een miskraam is het verlies van een vroege zwangerschap (tot 20 weken). Je kunt klachten hebben (bloedverlies, pijn) of geen klachten hebben. Je kunt als je een miskraam krijgt: afwachten tot het lichaam het vruchtje vanzelf afstoot. Meestal is de groei al gestopt in de eerste 12 weken.

HOOFDSTUK 11

Zorgaanbieder in samenwerking

met Huize Kalor

Het is inmiddels 10 jaar geleden dat we bij Altra Jonge Moeders met het concept "Gezinshuis voor jonge moeders" begonnen. De precieze aanleiding weet ik al niet meer, hoewel deze zich niet moeilijk laat raden. Een woonplek met intensieve begeleiding, maar dan niet een residentiële groep zoals we die eerder hadden gekend. Die waren tegen die tijd al wegbezuinigd, waarbij de eerlijkheid gebiedt te zeggen dat uit onderzoek ook is gebleken dat residentiële groepen niet altijd de gewenste effecten hebben en in sommige gevallen zelfs schade toe kunnen brengen aan kinderen die op deze wijze van hun familie worden gescheiden.

Natuurlijk zijn de jonge moeders geen kleine kinderen, maar dat familie/netwerk óók voor een jonge moeder en haar kind(eren) heel belangrijk is, daarover bestaat geen twijfel. Zelf ben ik ooit mijn carrière bij Altra begonnen op een residentiële groep voor jonge moeders. Ik weet nog hoe bijzonder ik het vond dat je je als medewerker echt begaf onder de meiden en hun kids; je maakte een beetje deel uit van hun leven. En toch... zoals een van de moeders mij ooit (terecht) zei: "jij gaat straks weer naar huis, naar je eigen plek. En wij zitten dan nog hier." Daar had ze natuurlijk gelijk in. Als werker maak je tijdens een dienst een stukje van hun leven mee, maar dat is niet hetzelfde als samenleven met elkaar. Echt samen leven; dat vraagt iets anders.

Samen leven, dat is wat een gezinshuisouder doet. Daar zit ook meteen een grote meerwaarde van het gezinshuis. De gezinshuisouders zijn geen hulpverleners (hoewel Xiomara een gedegen hulpverleningsachtergrond heeft); zij zijn de mensen met wie de jonge moeders samen leven en waarvan ze kunnen leren. Zoals Xiomara het vaak mooi verwoordt naar de moeders: "Ik ben niet je hulpverlener en ik ben ook niet je moeder. Wij leven hier samen en leren van elkaar als mensen." Voor een buitenstaander kan dat makkelijk lijken, maar schijn bedriegt.
Gebleken is, in de loop der jaren, dat het hebben van een gezinshuis voor jonge moeders en hun kinderen geen makkelijke opgave is. Van de in totaal vier gezinshuizen waar ooit jonge moeders van Altra woonden, zijn er in de loop der jaren twee gesloten en is een andere van doelgroep veranderd. Huize Kalor, van Xiomara en Roeland, was het eerste gezinshuis en is op dit moment ook het enige gezinshuis voor jonge moeders waarmee wij samenwerken. Wat hen bijzonder maakt, is hun echtheid en betrokkenheid. Zij spelen geen rol en tegelijkertijd krijgen zij vele rollen toebedeeld van iedere moeder, die -als gevolg

van haar unieke voorgeschiedenis- een eigen beroep op hen doet.

Samen leven met deze doelgroep vraagt van een gezinshuisouder om zichzelf steeds opnieuw uit te vinden: hoe kan ik mezelf zijn op een manier die helpend is voor deze specifieke moeder en haar kind? De jonge moeders hebben zonder uitzondering een belaste voorgeschiedenis en vaak een complexe verstandhouding met het netwerk om hen heen; ze komen wonen in het gezinshuis om te profiteren van dagelijkse steun, sturing en nabijheid van de gezinshuisouders. Voor sommige jonge moeders is dit moeilijk. De begeleiding in het gezinshuis is, zoals wij dat vaak noemen, "dicht op je huid'. Voor een jonge moeder die in haar eigen jeugd te maken heeft gehad met verstoorde gehechtheidsrelaties, afwijzing en beschadigd vertrouwen, kan het moeilijk zijn een ander zo dichtbij te laten komen. Om ook (of eigenlijk: om juist) voor die moeder een veilige haven te kunnen zijn, vraagt van de gezinshuisouder een sterke, authentieke persoonlijkheid die niet terugschrikt van de 'muurtjes' die cliënten kunnen opwerpen. Daarnaast vraagt het ook om zachtheid, begrip, steun en aanmoediging, zodat de jonge moeders bij de gezinshuisouders een veilige basis voelen waarbij ze kunnen oefenen met nieuwe vaardigheden.

Er zijn ook minder cliënt-inhoudelijke aspecten die ervoor zorgen dat het hebben van een gezinshuis voor jonge moeders en hun kinderen geen makkelijke opgave is. Bestaande regelgeving zat regelmatig in de weg; meestal simpelweg omdat het concept van deze hulpvorm nog niet eerder was 'geland' in beleidsstukken. Hiermee omgaan vraagt om doorzettingsvermogen (en creativiteit) van gezinshuisouders: volhouden en koers houden. Hierin hebben Altra en gezinshuis vaak samen opgetrokken richting gemeente; gelukkig heeft team jonge moeders een manager die onvermoeibaar het gezinshuis op de gemeentelijke agenda bleef zetten wanneer dat nodig was.

Een ander knelpunt is huisvesting. Een gezinshuis voor jonge moeders vraagt veel ruimte en ruimte is schaars, in Amsterdam. Wensen om uit te breiden, een locatie te vinden waar (eindelijk) de vaders ook kunnen verblijven of waar meer gefaseerde hulp kan worden gerealiseerd strandden tot nu toe door gebrek aan geschikte huisvesting. Er blijft tot op de dag van vandaag nog genoeg om over te dromen voor de toekomst.

De hulp aan een jonge moeder die in het gezinshuis woont, wordt altijd vormgegeven in nauwe samenwerking tussen de gezinshuisouders en de professionals uit team Jonge Moeders van Altra. Vanuit team jonge moeders proberen we vooraf een goede inschatting te maken of een jonge moeder in staat zal zijn te profiteren van wat het gezinshuis te bieden heeft. Voordat een moeder komt wonen is er altijd eerst overleg en afstemming met de gezinshuisouders. In praktijk bleken er weinig moeders voor wie Xiomara en Roeland niet bereid zijn hun huis en hart open te stellen.

De ambulante hulpverleners en financieel begeleiders zijn de professionals die samen met de gezinshuisouders een traject op maat vormgeven in elke casus, terwijl de grote lijn wordt bewaakt door de gedragswetenschappers en zorgbemiddelaars. Het is deze specifieke inzet rondom moeder en kind, die de hulp zeer waardevol en effectief maakt. Er kan zo, in relatief korte tijd, veel worden bereikt met/voor een jong gezin; ik omschrijf het gezinshuis daarom ook wel als "de snelkookpan binnen onze zorglijn". Hierbij hebben we niet alleen oog voor de moeder en haar kind, maar wordt ook nadrukkelijk samengewerkt met de vader van het kind en met het (familie)netwerk eromheen. Het steeds meer familiegericht werken is iets wat zowel door Altra als gezinshuis is omarmd, waardoor visie en insteek vanuit Altra en gezinshuis steeds beter op elkaar aansluiten.

De hoog specialistische inzet vanuit gedragswetensch-appers, ambulante hulpverleners en financieel begeleiders enerzijds, naast de stabiele basis, dagelijkse steun en stimulering vanuit de gezinshuisouders anderzijds, is een unieke combinatie die vaak mooie resultaten oplevert. Hiervoor is goede samenwerking nodig. Naast transparantie en onderlinge afstemming vraagt het ook professionele reflectie van alle betrokkenen. Staan de neuzen dezelfde kant op? Wie heeft welke rol en welk effect heeft mijn handelen? Dit is een continue leerproces, waarin we al doende steeds beter zijn geworden; immers... zonder schuring geen glans. Al vele moeders zijn door dit unieke concept succesvol geholpen hun leven weer op de rit te krijgen en hun doelen richting stabiliteit en zelfstandigheid te verwezenlijken.

Helaas kan niet ieder traject tot een succesvol einde worden gebracht. Juist in situaties waarin een gezinshuis plaatsing niet loopt zoals we hopen, is de onderlinge samenwerking en communicatie van groot belang. Wanneer het vastloopt in een casus, bijvoorbeeld vanwege onveiligheid of andere problematiek die het wonen in het gezinshuis onwenselijk maakt, kunnen de gezinshuisouders terugvallen op de gedragswetenschappers en zorgbemiddelaar van het team. Zij trekken nauw op met de gezinshuisouders om, samen met alle betrokkenen (waaronder de familie), te onderzoeken wat de beste opties zijn in het belang van het kind. Dit zijn soms moeilijke processen, waarbij het van de jonge moeder moed vraagt om te erkennen wat haar (wel) lukt, maar wat ook niet. Veruit de meeste cliënten zijn echter vanuit het gezinshuis doorgestroomd naar andere woonvoorzieningen binnen Altra en (uiteindelijk) richting zelfstandig wonen.

In alle gevallen hebben de jonge moeders die bij Xiomara en Roeland hebben gewoond, twee bijzondere mensen toegevoegd aan hun netwerk, die -als de jonge moeder dat wil-, ook nog jaren later voor hen klaar staan met raad, daad en oprechte betrokkenheid. Voor meerdere cliënten is dat van grote waarde gebleken en van invloed geweest op hun verdere leven. Zoals een jonge moeder het ooit verwoordde op een bijeenkomst in Huize Kalor: "Xiomara is voor mij de moeder die ik nooit gehad heb. Door haar kijk ik anders naar mezelf en naar de mensen om me heen. Maar óók heeft ze me geleerd om met andere ogen en liefde naar mijn eigen moeder te kijken. "Dankjewel daarvoor."

Een diepe buiging voor de passie en inzet van de gezinshuisouders voor deze prachtige doelgroep.

    – Saskia Kip

      (zorgbemiddelaar & gedragswetenschapper team jonge moeders).

HOOFDSTUK 12

Gezinshuisouders aan het woord

Als je Roeland zou vragen wat hij te zeggen heeft over het gezinshuis, zou hij antwoorden:
"Mijn huis, waar ik woon met volwassenen die gecorrigeerd moeten worden, maar waar ik er rekening mee moet houden dat ik hen niet heb opgevoed".

Voor Roeland is het de grootste uitdaging in het gezinshuis om ervoor te zorgen om de jonge moeders te corrigeren zonder meer schade aan te richten die er al is. Hij moet zichzelf er vaak aan herinneren dat wat voor hem "normale" normen en waarden zijn, niet geldt voor deze jongeren. Bijvoorbeeld, dat het "normaal" is om bij het binnenkomen degene die er zijn te begroeten, is iets dat voor Roeland een volwassene niet hoeft te leren. Bij de jonge moeders is het anders, want die leven in een huis en hoeven niet te groeten als ze in de ochtend opstaan of als ze thuiskomen. Dit zou voor conflict kunnen zorgen, maar Roeland moest begrijpen dat hoewel hij dit zijn kinderen had aangeleerd, dit niet zo hoef te zijn bij anderen. En zo zijn er meerdere dingen die hij zou willen corrigeren, maar waarvan hij inmiddels geleerd heeft om er rekening mee te houden.

Aan de andere kant geniet Roeland van de kleintjes. Hij voelt zich beter als een opa in het gezinshuis dan als een vader. Als "opa" van de kleintjes, klikt het prima tussen hem en de jonge moeders. Die willen graag dat hij even met de kleintjes speelt en even oppast wanneer zij bezig zijn met taken in het huis. Voor Roeland is het werken als gezinshuisouder geen moeite, omdat hij Huize Kalor ziet als zijn eigen huis met zijn kinderen. De begeleiding vindt hij ingewikkeld en hij kiest ervoor om dat volledig aan Xiomara over te laten. Wanneer Xiomara de lijntjes uitzet, dan volgt hij dat. Dat hij niet degene is die bepaalt hoe iets moet gebeuren, heeft een voordeel. Roeland straalt rust uit en praat niet veel. Dat zorgt ervoor dat wanneer de moeders een conflict hebben met Xiomara, hij degene is waar zij naartoe kunnen. Hij biedt dan een luisterend oor en fungeert als "vredestichter" voor de jongeren.

Ook richting de partners van de moeders of de vaders van de kleintjes, is Roeland de schakel. De jongens komen makkelijker bij hem als het om mannen kwesties gaat. Wel krijgen alle jongens al bij start van een traject te horen, dat de moeders als zijn dochters worden behandeld. Dus dat hij altijd als een vader voor hen zal opkomen. Hij blijft wel altijd neutraal en eerlijk. Verder is hij de klusjesman. Als er iets kapot gaat, weten de moeders dat ze bij Roeland moeten zijn. Hierdoor is Roeland extra streng in het schoonmaken en onderhouden van het huis. De moeders willen bij huishoudelijke taken liever dat Xiomara de controle uitvoert dan Roeland. Hij let erop dat iedereen liefdevol omgaat met de inventaris in het huis. Kortom, gezinshuisouder zijn is geen werk, maar je kiest ervoor als een manier van leven. Structuur, duidelijkheid, begrip, en liefde zijn voor hem de benodigde ingrediënten. Wat hij niet heeft, heeft Xiomara.

Maar wat is dan datgene dat Xiomara heeft? Bij haar gaat het om passie. Xiomara zegt dat zij van haar levenspassie haar werk heeft gemaakt. Zij wordt gelukkig wanneer zij een ander in zijn kracht kan zetten. Voor haar is familie/gezin heel belangrijk. Het gezin is de basis van de persoonsontwikkeling van mensen. Ouders geven vorming aan hun kind. Daarvoor zijn liefde, eenheid en rust een voorwaarde. Dit is wat Xiomara aan jonge moeders/stellen wil geven. "Ik wil hen het gezin geven dat zij nodig hebben om heropgevoed en begeleid te worden, zodat zij ook op hun beurt een stabiel en krachtig gezin kunnen vormen."

Het heropvoeden gebeurt door de jongeren te leren hoe ze hun kind moeten opvoeden. Op zulke momenten en met goede uitleg waarom iemand iets doet en wat het resultaat daarvan is, kan dat ook het leven van de jongeren veranderen. Zoals we hiervoor al aangaven is het voor Roeland een issue, dat de jongere niet geleerd heeft dat zij elkaar 's morgens een goede dag wensen of begroeten, ook al wonen zij onder hetzelfde dak als hun ouders. Bij Xiomara wordt hen geleerd dat het begroeten van het kind ook opgevat kan worden als het toewensen van een fijne dag als eerste ding in de ochtend. Dit omdat de ouder het kind als eerste ziet in de ochtend en zo het positieve in zijn dag kan toespreken.

Het wordt gezien als een groet om het kind liefde en vertrouwen te geven, door in de ochtend te knuffelen en een fijne dag toe te wensen. Hoe fijn is het als degene die jij vertrouwt jou als eerste persoon in de ochtend het beste toewenst door belangstelling te tonen en te vragen hoe je hebt geslapen. De jongere die dat niet heeft meegekregen, ervaart meteen hoe fijn dat is, omdat zij de waarde ervan leert kennen en voelen. Dat gaat zij vervolgens ook doen met haar kind en haar medebewoners. Op deze manier maken zij het geleerde eigen en kunnen ze ervaren wat het voor hun eigen leven betekent.

Xiomara leeft in het gezinshuis alsof zij met haar eigen kinderen woont. Voor haar is er geen verschil wie de jongere is. Je bent een mens en ieder mens verdient datgene dat nodig is om zich te ontwikkelen. De basis is liefde, dat klinkt als een cliché, totdat je Xiomara tegenkomt in het leven. Xiomara is ook gegroeid in het omgaan met mensen. Ze heeft geleerd dat een jongere zich zal openstellen in een veilige omgeving, als hij zichzelf mag zijn, als hij zich geaccepteerd weet, als hij fouten mag maken en als hij begripvol onderwezen wordt hoe het wel moet. Ieder mens wil groeien, iedereen verdient een kans op een manier die bij hem of haar past. Dat is wat Xiomara probeert te geven aan elke jonge moeder die bij haar inwoont. Zij heeft altijd een vast stramien in haar hoofd dat ze bij ieder jongere volgt, afhankelijk van wat de jongere aankan. Als eerste, leren wie je bent. Als je weet wie je bent, dan weet je wat je kunt en waar je naartoe wilt gaan en hoe je daar gaat komen. Je kunt dromen, maar als je niet aan je droom werkt, dan blijft het een droom. Alles begint met een fantasie. Hoe je in beweging komt bepaalt uiteindelijk wat er van je fantasie werkelijkheid wordt.

Een standaard doelstelling is dat de jonge moeder werkt aan haar zelfbeeld, eigenwaarde, zelfvertrouwen en zelfredzaamheid. Allemaal woorden die de basis vormen van wie jij bent. Xiomara vindt het jammer dat jonge moeders soms door moeten gaan naar de vervolgfase zonder dat zij stabiel genoeg zijn. Dit zorgt er vaak voor dat de jonge moeder langer in het hulptraject blijft, of net niet genoeg zelfredzaam is om zelfstandig in de maatschappij verder te gaan.

Xiomara's grootste wens is dat er in de toekomst meer gewerkt zal worden aan de vorming van de mens zelf, dan aan het werken van een probleem. Na een probleem komt er altijd een ander. Iemand die krachtig is, zal elk probleem aankunnen, zowel alleen als met steun van mensen in het netwerk.

Xiomara denkt nog niet aan pensioen. Zij denkt aan het overdragen van kennis en kunde en uitbreiding van laagdrempelig hulp voor toekomstige gezinnen. Haar passie gaat uit naar hen die de maatschappij van morgen vormen, onze jongeren. Je kunt alleen vermenigvuldigen wie je bent en wat je hebt. Een krachtige maatschappij bestaat daarom uit krachtige gezinnen.

- Roeland en Xiomara

HOOFDSTUK 13

Ervaring als

vervangende gezinsouder

Xiomara en ik kennen elkaar al zeker 20 jaar en sindsdien ben ik op de hoogte van haar passie om met jongeren te werken. Eén ding weet zeker: het gezinshuis voor jonge moeders en hun kinderen heeft recht van bestaan. Zoals in haar biografie staat geschreven heeft zij jarenlang in verschillende delen van de Jeugdzorg hier in Nederland gewerkt.

Zij heeft met mij jaren geleden haar droom gedeeld om jonge moeders te kunnen begeleiden. Ook had zij toen ook meteen gezegd dat zij mij erbij betrokken wilde hebben. Onze wegen zijn voor zeven jaar gescheiden geweest toen ik naar Curaçao ging, maar na mijn terugkeer hebben wij de mogelijkheid besproken om in het gezinshuis als vervangende gezinshuisouders beschikbaar te zijn. Samen met mijn man heb ik 10 maanden in het gezinshuis gewoond en op de vloer kennisgenomen van de werkwijze van Xiomara. Ik heb dus meteen stage gelopen. Als iemand Xiomara vraagt wat haar werkwijze is, krijg je eerst een antwoord vanuit haar hart en daarna het wetenschappelijke. Alhoewel zij alle diploma's bezit van de verschillende studies die zij heeft gedaan, is de passie die haar drijft dat ze krachtige vrouwen wil zien.

In het gezinshuis heb ik zeker dertig verschillende moeders met hun kind(eren) mogen meemaken. Wat mij het meest aanspreekt, is het feit dat zij allemaal aangeven dat zij iets hebben meegekregen. Niet altijd is het rozengeur en maneschijn geweest maar één ding is zeker, ze kunnen nooit zeggen dat ze de liefde niet hebben ervaren. Iedereen is anders, dat is een feit. Elk mens is anders. Elke situatie is anders. Maar wat iedereen in het leven nodig heeft is liefde. Deze moeders die heel vaak sinds hun jonge jaren in de molen van de jeugdzorg zijn beland, meestal door problemen buiten henzelf om, waarderen een liefdevolle hand die naar hen uitgestrekt wordt.

Je hebt moeders die deze hand niet eens herkennen als een gebaar van hulp. Het fenomeen van afwijzing, is soms diep geworteld. De uitgestrekte arm kan bedreigend overkomen, door diezelfde afwijzing. Afgewezen worden door je vader, door je moeder of door degene aan wie je je verliefdheid volledig hebt overgegeven.

Het is bewezen dat iemand die in zijn of haar leven afwijzingen heeft ervaren, de neiging heeft om ook

zelf anderen af te wijzen. In het geval van de jonge moeder, zie je vaak dat de kans groot is dat afwijzing al optreedt, op het moment dat de jonge moeder te horen krijgt dat ze zwanger is. Ze uiten kreten als: "Ik wil dit kind niet, ik ga voor abortus", of "Als het geboren is, geef ik het ter adoptie".
Deze moeders, die vaak zelf ook kinderen zijn, komen in een knoop te zitten. Abortus kan in sommige gevallen niet, omdat de zwangerschap zich al in een te vergevorderd stadium bevindt. Als het kind eenmaal geboren is, verandert het gevoel van "Ik wil het kind niet", naar het kind beschouwen als een pop. Leuk om mee te 'spelen' maar er is geen kennis over de manier waarop het kind moet worden opgevoed.

In het geval dat zo'n jonge moeder met haar kind in het gezinshuis terecht komt, krijgt zij niet alleen begeleiding om krachtig te worden als vrouw, maar ook in hoe zij het kind dient te behandelen. Bijvoorbeeld door 's morgens op te staan met je kind in plaats van in bed te blijven liggen. Het kind moet immers leren dat er een verschil is tussen slaapkamer en woonkamer, vaste eetmomenten en slaaptijden. Het doel is daarom om zowel voor de moeder als voor het kind een structuur te creëren.
Daar waar de vader in beeld is, proberen we hem ook te betrekken in het proces. Eerst als vader van het kind en als de moeder nog een relatie met de vader wenst, bieden we ook de nodige begeleiding.

Het doel van dit gezinshuis, dat in Nederland overigens het enige is in haar soort, is om de moeders te begeleiden naar zelfstandigheid. Kun je het je voorstellen, kinderen die kinderen krijgen. Ze weten niets van opvoeding af, omdat het ook bij hen ontbreekt. Ze kunnen niet koken, weten niet met geld om te gaan, ook hygiëne ontbreekt heel vaak etc etc. Als je ziet hoe ze binnenkomen en welke vooruitgang ze boeken in enkele maanden tijd, geeft dat voldoening om door te gaan.

Zoals ik al zei, je komt ook behoorlijk wat uitdagingen tegen. Niet altijd verloopt de begeleiding zoals je zou wensen. Het is niet iets dat je kunt forceren. De moeder moet zich kwetsbaar opstellen, zodat de onderliggende emoties naar boven kunnen komen om ermee te kunnen leren omgaan. De moeders krijgen traumaverwerking door een therapeut. Wanneer ze weer thuiskomen, kunnen gevoelens en gedachten loskomen. Ze kunnen dan ander gedrag vertonen. En dan zijn wij er als gezinshuisouders weer voor hen.

Ik vind het heel fijn om anderen een hand te bieden zodat zij beter in het leven kunnen staan. Je krijgt met heel veel verschillende situaties te maken. Maar het mooie is, dat er in ieder geval een zaad is gezaaid, zowel bij moeder als bij het kind.
André en Marella Nahr

HOOFDSTUK 14

Begeleiden van jonge stellen

En krachtige maatschappij bestaat uit krachtige gezinnen. Dit gegeven, in combinatie met mijn passie om gezinnen in hun kracht te zetten, heeft mij ertoe bewogen om te beginnen met het begeleiden van jonge moeders met hun kind(eren). Nadat ik onderzoek had gedaan naar wat de oorzaken zijn die maken dat een gezin niet krachtig is, was ik ervan overtuigd dat ik mijn passie moest volgen.

Een van de oorzaken was het feit dat een alleenstaande moeder met kinderen, zonder een gedegen opleiding en de nodige begeleiding niet heeft geleerd om zelfstandig te zijn. Dat maakt dat het gezin waarin een persoon opgroeit, een spiegel is van hoe haar eigen gezin zal worden, omdat dit het enige is wat de persoon kan overbrengen vanuit zijn referentiekader. Hoe mooi is het dan om een ander voorbeeld te kunnen krijgen. En dit voorbeeld is te zien door dicht bij een gezin te wonen in een gezinshuis. Het gezinshuis biedt de mogelijkheid voor een andere beeldvorming over wat een gezin kan zijn. En waar een jonge moeder ook tegelijkertijd de kans kan krijgen om zich het geleerde eigen te maken door keuzes te maken vanuit een ander perspectief. Een jonge dame kan dan datgene wat zij van huis heeft meegekregen en wat ze leert in het gezinshuis, combineren om eigen keuzes te kunnen maken voor een nieuw gezin.

Plotseling realiseerde ik me dat de jonge moeder en haar kind niet alleen het gezin vormen, maar dat er ook een vader is die erbij hoort. Hoe mooi is het als hij ook samen in de begeleiding kan met zijn gezin. Hoe krachtig zal het gezin worden, als ook hij begeleiding kan krijgen om zijn verantwoordelijkheid op te pakken als vader en man in zijn huis. Te vaak kwam ik situaties tegen waar de vader heel graag mee genomen wil worden in het begeleidingstraject, maar het niet mogelijk is wegens bureaucratie. Vergoeding is er alleen voor de moeder. Er bestaat nog geen geaccepteerd traject waarin de vader wordt meegenomen.

Uiteindelijk is het gezin voor mij belangrijker dan het geld. Dus ben ik begonnen om de vaders die in beeld zijn, toch deels mee te nemen in het traject. De vaders kunnen alleen niet blijven slapen, maar worden in het traject verder wel betrokken bij moeder en kind. Ze mogen de hele dag tot de avond in het gezinshuis vertoeven; ze worden geholpen met dagbesteding, opvoedingsondersteuning en ook begeleid in hun rol als partners.

Onze samenwerkende zorgaanbieder heeft deze vorm omarmd en heeft deze ook opgepakt. Vanaf 2021 zijn wij bezig met het onderzoeken van de mogelijkheden om een gezinshuis op te starten voor jonge stellen. Waar zij kunnen wonen als gezin en worden begeleid. In het gezinshuis kunnen zij 24 uur geobserveerd worden en wonen zij met een stel dat als voorbeeldfunctie kan fungeren. Deze manier maakt dat een heel gezin hulp krijgt en dat de structuur en veiligheid voor het kind meteen bij vader en moeder georganiseerd wordt. Het netwerk van zowel vader als moeder wordt erbij betrokken.

Ook financieel komt het voordeliger uit, dan wanneer de hulp alleen aan de moeder gegeven wordt en er later apart ook iets voor vader georganiseerd moet worden. We hopen dat het ons zal lukken om in dit 10e jaar van het gezinshuis, deze droom nog waar te maken.

Dank je wel!

Mijn dank is zeer groot aan allen die mij bijgestaan hebben in de afgelopen tien jaren. Zij die mij in gebed steunen, zij die in het gezinshuis geholpen hebben, familieleden, vrienden en kennissen en buren. Ieder die hoe klein dan ook bijgedragen heeft aan dat wat mijn passie, mijn doel is in het leven.

Ik kan niet nalaten drie mensen bij naam noemen. Zonder hen zou ik misschien deze tien jaren niet hebben bereikt. Hun waarde voor mij is te groot om alle eer alleen naar mij te trekken. Ze waren mijn steun en toeverlaat.

Roeland, mijn man. Zijn waarde in dit werk wordt door hem onderschat. Hij ziet mij als het hart. Besef, het hart kan niet kloppen zonder zuurstof. Om dit werk te kunnen doen, had ik hem nodig. Wat ik aan de moeder geef, is de veiligheid om te zijn wie je bent om te kunnen ontwikkelen. Dat is wat Roeland mij geeft. Ik kan bij hem mijn "gekke" ideeën uiten en tot leven brengen.

Wie wil leven in een huis waar er om de zes à zeven maanden een andere persoon die je niet kent, komt wonen?
Niet zomaar wonen, maar je moet je leven mee delen. Het is mijn passie niet van hem. Dit maakt mijn dank aan jou extra groot, Roeland.

De 2 andere personen zijn André en Marella Nahr. Velen zijn vanaf start erbij geweest. Ook jullie als mijn gebedspartners. Daarna hebben jullie mijn visie opgepakt en samen met mij zijn wij richting Curaçao gaan uitbreiden. Vandaag de dag zijn jullie behalve oprichters van Fundashon Kalor te Curaçao, ook gezinshuisouders van Huize Kalor. André, jij bent mijn bron van positiviteit. Bij het bespreken van het negatieve met jou, komt de positieve kant van alles naar voren. Dat is ook zo bij het omgaan met de mens. Je bent mijn coach in momenten dat er rust moet komen in mijn hoofd. Marella, ik heb je vaak gezegd en ik maak het publiekelijk, jij bent mijn schaduw in dit "werk".

Zo kan ik jou alles van het werk toevertrouwen. Je probeert te denken en zelfs te doen hoe ik het zou doen. Je bent open om meer te leren en je twijfelt niet om mij daar waar nodig te vragen. Je hart om lief te hebben, te lijden en te blijven liefhebben, is wat je kracht geeft in dit werk.

Ik weet dat ik deze baby, Huize Kalor, aan jou als pleegkind kan toevertrouwen. Je gaat ermee om alsof het jouw eigen visie is. Je hebt Gods taak in mijn leven begrepen en natuurlijk de jouwe daarin ook. Mijn dank aan jullie is oneindig.

www.ingramcontent.com/pod-product-compliance
Lightning Source LLC
Chambersburg PA
CBHW031220120626
46545CB00003B/923